跨越3个世纪震撼全球教育的育

完美解读
斯波克立体早教经典

宋璐璐 编著

嘿！
我是早教书

中国财富出版社

图书在版编目（CIP）数据

完美解读斯波克立体早教经典/宋璐璐编著.—北京：中国财富出版社，2017.6

（嘿！我是早教书）

ISBN 978-7-5047-6520-8

Ⅰ.①完… Ⅱ.①宋… Ⅲ.①学前教育-家庭教育 Ⅳ.①G781

中国版本图书馆CIP数据核字（2017）第151926号

策划编辑	刘 晗	责任编辑	宋宪玲 郑晓雯		
责任印制	梁 凡	责任校对	孙会香 卓闪闪	责任发行	董 倩

出版发行	中国财富出版社		
社　　址	北京市丰台区南四环西路188号5区20楼	邮政编码	100070
电　　话	010-52227588转2028/2048（发行部）	010-52227588转321（总编室）	
	010-68589540（读者服务部）	010-52227588转305（质检部）	
网　　址	http://www.cfpress.com.cn		
经　　销	新华书店		
印　　刷	北京竹曦印务有限公司		
书　　号	ISBN 978-7-5047-6520-8/G·0684		
开　　本	710mm×1000mm 1/16	版　次	2018年4月第1版
印　　张	16	印　次	2018年4月第1次印刷
字　　数	287千字	定　价	39.80元

版权所有·侵权必究·印装差错·负责调换

总 序

写在前面的话

可怜天下父母心，在培养孩子上父母都是不遗余力地使出浑身解数，目的只有一个，那就是让孩子成为有用之才。是的，孩子是父母最大的寄托。

在教育孩子上，方法有很多，但是哪一种方法更为有效呢？

研究证明，孩子接受教育越早越好，甚至早到孩子出生之前。于是，早教成了爸爸妈妈们必须温习和钻研的"功课"。

现在，早教已经被爸爸妈妈们所认可。许多父母都能如数家珍地说出蒙台梭利、斯宾塞、卡尔·威特等一大串儿权威的教育家的名字。

在这个领域，国外的早教经验比较丰富，开展得也较早，形成许多权威性的理论。但是在引进这些外国经验时出现了一些争议，有的认为必须全盘接受，有的认为西方的经验不适合中国国情，有的认为可以借鉴，不一而足。无论哪一种观点，都是出于对孩子的负责任，目的是让孩子能接受最适合的早期教育。

纵观当前许多流行的早教书，大多是国外名家的著述，鲜有详尽解读其精髓、按照本土的阅读习惯而精心编排的。由于国外著作理论性强，有些理论交叉在不同的章节中，大家在阅读学习时，显得既费时又费力，还很难懂。

正因为如此，我们才决定下大力气去研读国外的各种早教著述，找出更适合中国父母的早教方法。由于东西方文化的差异、历史成因的不同，在思想上和方法上也有着一定的不同。但是，总体上来说，基本规律还是相同的，那就是孩子身上所表现出来的特征差异不大。应该本着去粗取精、洋为中用的原则，根据是否适合本土的教育环境来取舍。这就是"嘿！我是早教书"系列图书出版的初衷。

我国家教作家吕巧玲、宋璐璐应邀担纲了本套丛书的编撰工作，她们以实际育儿经验和长期研读诸多家教典籍的心得，精心创作出"嘿！我是早教书"系列解读精髓本，呈献给广大读者。其特点是本土化、可读性强、突出重点，围绕孩子身上所出现的种种问题，进行详尽的解读、支招，理论和实践紧密结合，情节生动，说理性强。

本套丛书的最大特点是适合现代父母阅读，在孩子身上所出现的很多问题在这里都有解释。有精彩的案例，有详尽的理论解读，有具体的实施措施，通过这一环扣一环的解读，既点出了名家教育的精髓，又结合了本土实际情况进行逐一答疑，使您做父母更为轻松，在家里就能调教出一个聪明无比的小天才。

一书在手，尽享名家教育精髓。若广大读者在研读本套丛书的过程中能得到启发，将是我们最大的欣慰。

开卷一定有益！

序言

爱在细微处

也许，在不久的将来，你腹中的小精灵就要出生了；或许你已经拥有了自己的宝宝，现在你正手足无措地看着他哭闹。你担心、害怕、迷茫，因为没有经验，所以你曾一度怀疑自己能不能将宝宝养大成人、成才。其实不必紧张，斯波克在育儿讲座中不止一次地提到：只要在日常生活中多用心，抚养宝宝绝不是什么困难的事情。

许多妈妈都紧张兮兮地盯着宝宝的每一步，第一次给孩子喂奶，第一次给孩子换尿布，看着他们学习走路，教会他们上厕所，听他们第一次说出"爸爸""妈妈"，东奔西走地为宝宝选择幼儿园。

宝宝从小到大的每一次成长，父母都要切身参与其中。其实，作为家长真的不必太紧张。斯波克教授对于养育是这样理解的：每个孩子的情况不同，每对父母的需求不同，对孩子的教育方式自然也就不同。重要的是，不要去管别人如何，用你自己的爱去呵护宝宝就好。

书籍和讲座只是告诉你一些具体问题的解答方法，但是却没有告诉你，你的孩子是什么样的性格，你的孩子适宜什么样的教育。所以，父母在教育孩子的时候不可完全依托这两者，你要学会从生活的细微处教育孩子，让孩子从小学会自力更生，从小知道垃圾不能到处扔……孩子学会了，代表你的教育成功了。

中国的家长有一个很奇怪的共同点，就是什么都要给孩子最好的：最好的奶粉、最好的婴儿床、最好的儿童车、最好的胎教、最好的培养……而这些"最好"往往体现在价格上，却不体现在需求上。孩子会知道儿童车的差别吗？他能明白婴儿床的好坏吗？所以这一切仅仅是父母担心自己爱得不够的附加表现。

在斯波克教授看来，爱不在于物质，而在于精神。爱体现在生活的每一个点滴之处，每一次你半夜为孩子盖上棉被，每一次你为孩子吹凉滚烫的牛奶，每一次你为孩子亲试洗澡水的凉热……这都源于伟大的爱，是亲人间纯粹的感情传递。

通过这些细微的生活小事，慢慢你就会发现，在抚育孩子的过程中，你已经学会了如何做一个好母亲、好父亲。你能够随时了解孩子的需求，能够及时给孩子应有的帮助，能够引导孩子正确迈出成长的每一步，这些都会给你带来足够的信心和力量，这些就是你和孩子之间的感情基础。

有了感情，有了亲情，才有了养育孩子过程中无数的酸甜苦辣。为了让父母能够真正认识到教育的意义，本书从实际出发，写出了父母切实需要了解的育儿难题，尽述令父母百思不得其解的孩子的叛逆行为，除此之外还添加了一些有趣的亲子游戏。本书力图让你从生活的细节中，体会到做父母的快乐，让小宝宝成为你人生中的一个奇迹和惊喜。

2018年1月于北京

目录

第一章

奇妙的成长（0～1岁） / 001

当宝宝还在妈妈肚子里的时候，全家人每天都盼望着能够早日和宝宝见面。等到宝宝出生之后才发现，原来宝宝在妈妈肚子里的时候，爸爸妈妈是最舒服的，只要自己吃饱就行了。不像出生后，宝宝的吃喝拉撒睡都成了令人困扰的问题。

生命最初的特别关爱 / 002

- 手忙脚乱的前三个月 / 002
- 让哭闹的宝宝安静下来 / 005
- 呵护宝宝娇嫩的皮肤 / 008
- 身体接触最有爱 / 011
- 用最无私的爱抚养宝宝 / 014
- 让爸爸也动起来 / 017

宝宝的"吃饭问题"学问大 / 020

- 充满爱意的母乳喂养 / 020
- 你的宝宝吃饱了吗 / 023
- 母乳与奶粉：宝宝的食物套餐 / 027
- 断奶一定要坚决 / 031
- 固体食物让宝宝胃口大开 / 035

成长带来的小惊喜 / 039

- 松开双手让宝宝独立坐起来 / 039
- 手脚并用向着目标出发 / 042

- 让宝宝自己"制造"声音 / 045

第二章

让人喜忧参半（1～3岁）/ 049

　　每一天，细心的妈妈都会发现，宝宝又长大了一点。这是宝宝对妈妈辛苦付出的最好奖励，也是上天赐给母亲最好的礼物。知道宝宝的发育规律，了解宝宝，看着宝宝的小手小脚开始挥动起来，慢慢地舞出他们的人生。

自我意识开始发展 / 050
- 宝宝的聪明让你想不到 / 050
- 让人欢喜让人忧的2周岁 / 053
- 潜移默化影响宝宝的道德意识 / 056
- 宝宝说出"我"很重要 / 059

宝宝的认知与语言能力 / 062
- 让数数变得轻松而自然 / 062
- 宝宝说话突然"口吃"了 / 065
- 左顾右盼的宝宝请"专心" / 068
- 让宝宝在阅读中找到乐趣 / 071
- 让宝宝学着独立 / 074

宝宝的动作发展 / 077

- 抓起汤匙自己吃饭 / 077
- 从学习脱衣到穿衣 / 080
- 宝宝开始"齐步走" / 083
- 让人惊喜的跑步、双脚跳 / 086
- 学会上下楼梯 / 089

宝宝的情感世界与社会性 / 092

- 让怒气冲冲的宝宝安静下来 / 092
- 允许宝宝去犯错 / 095
- 判断是非宝宝心里有数 / 098

第三章

开始懂事了（3~5岁）/ 103

细心的父母会发现这个时期的宝宝十分听话，对父母非常依赖，爱模仿父母的行为，愿意帮助爸爸妈妈做事。他们开始有了自己的"小天地"，也开始走入幼儿园，与其他孩子一起玩耍、学习和成长。不过，在这段时间里，依然有很多问题困扰着爸爸妈妈们。

自立能力快速增强 / 104

- 给物品找"主人" / 104
- 独立的宝宝打理自己的生活没问题 / 108

- 宝宝爱上生活实践 / 111

宝宝的内心世界 / 114
- 对父母难舍难分的依恋 / 114
- 被自己的幻想迷惑 / 117
- 怎么办，我好害怕 / 120
- 理解宝宝的"言外之意" / 123

宝宝的情感世界与社会性 / 126
- 感化家中"小霸王" / 126
- 宝宝是个倔脾气 / 129
- 宝宝的分享行为 / 132
- 乐此不疲的交换行为 / 135
- 感受模仿带来的乐趣 / 138
- 善待"偷窃"行为 / 140
- 宝宝"伤害"了小动物 / 143

帮助宝宝适应集体生活 / 146
- 初入幼儿园的烦恼 / 146
- 耐心地帮助孩子度过叛逆期 / 149
- 爱抢别人东西的宝宝 / 152
- 入睡前听故事好处多 / 156

第四章

学习影响成长（5～6岁）/ 161

即将结束幼儿园生涯、步入小学的宝宝们，虽然身体发育的速度减缓，但是心理发育正在逐步完善。他们开始关注更多的事情，开始懂得学习，开始会调节自己的情绪……同时也开始给爸爸妈妈们惹来更多的麻烦。

数学敏感期 / 162
- 从宝宝已经掌握的知识入手 / 162
- 引领宝宝进入数学王国 / 165

变缓的发育历程 / 168
- 学校教育带来的变化 / 168
- 过度专注也不好 / 172

宝宝的情感和社会性 / 175
- 嫉妒心理：宝宝成功路上的绊脚石 / 175
- 腼腆而害羞的宝宝更需要谅解 / 178
- 耐心品味宝宝的"谎言" / 182
- 认真告诉孩子交通规则 / 185
- 孩子的自我保护教育 / 188
- 让宝宝的童年充满快乐 / 191

教好孩子有妙招 / 194
- 爱与管教的平衡 / 194
- 让宝宝偶尔当当"小大人" / 197
- 欣赏宝宝的新奇发现 / 200
- 欣赏宝宝的大胆怀疑 / 203
- "暗示"让宝宝越走越远 / 206

第五章

斯波克的智商提高法 / 209

做游戏是学习新事物的方式,是获取知识与拓展技能的方式,是把思维和行动结合起来的方式,是加快儿童智慧发展的重要手段。

小游戏搞定宝宝的空间知觉能力 / 210
- 声音在哪里 / 210
- 哪边是"右" / 211
- 宝贝快接球 / 213

小游戏让宝宝拥有观察能力 / 215
- 说出颜色的名称 / 215
- 帮它们找出同类 / 216
- 天生模仿王 / 218

小游戏让宝宝拥有超强的记忆力 / 220

- 从哪儿开始 / 220
- 听故事答问题 / 221
- 记忆文章内容 / 223

小游戏让宝宝拥有超凡的思考能力 / 225

- 巧妙找出图形排列的规律 / 225
- 我们一起玩迷宫游戏 / 226
- 想一想它们的对应关系 / 228

小游戏增强宝宝的推理能力 / 230

- 玩具汽车 / 230
- 谁是我的好朋友 / 231
- 快乐找关系 / 233

小游戏提高宝宝的分析能力 / 235

- 看看交通工具 / 235
- 口袋里面有宝物 / 236
- 米缸里面淘宝 / 237

后记 / 239

第一章

奇妙的成长（0～1岁）

当宝宝还在妈妈肚子里的时候，全家人每天都盼望着能够早日和宝宝见面。等到宝宝出生之后才发现，原来宝宝在妈妈肚子里的时候，爸爸妈妈是最舒服的，只要自己吃饱就行了。不像出生后，宝宝的吃喝拉撒睡都成了令人困扰的问题。

生命最初的特别关爱

> 世界上没有什么比看着孩子一点点成长更让人着迷的事情了。
> ——斯波克育儿语录

阅读时间：30分钟　　受益指数：★★★★★

手忙脚乱的前三个月

宝宝出生后的前3个月，父母很快就会发现，照顾孩子是一项艰难而巨大的任务。小宝宝吃饭、睡觉、排泄以及保持体温等，都完全依靠父母，可宝宝又无法直接表述自己的需求，凡事都需要父母去领悟，这就增加了抚养的难度。

故事的天空

安娜还未出生时，安娜的父母因为没有经验，便去参加了培训班。在那里，安娜的父母了解到，对婴儿来说，最重要的便是前三个月的护理工作。

安娜出生后，安娜的父母将在培训班中学习到的知识与经验用到对安娜的照顾上。如安娜卧室的室温维持在25℃～28℃，并且保持通风；安娜的尿布是柔软、吸

水性好的棉织品，通常白天要换4次以上，晚上换2次以上；晚上睡觉时，安娜需要仰卧或者侧卧。由于小安娜是婴儿，睡觉的时间较长，父母每隔2~3个小时便将小安娜叫醒，然后喂奶。

安娜出生后，妈妈日夜陪伴在她身边，用自己的手指去抚摸安娜的脸颊，时不时地和小安娜交流。妈妈渐渐明白了安娜的哭声代表着不同的"信号"。如果安娜大声哭，那就表示安娜已经饿了，需要喂奶；如果安娜只是发出断断续续的哭声，那就表示她的尿布需要换了。了解孩子不同的哭声，是抚养孩子最重要的环节之一。

宝宝在出生后三个月内的护理，需要周全而到位。所以，父母只有在孩子出生前了解新生儿的需求，才能把小宝宝照顾好。新生的宝宝也是有感觉的，父母要对他微笑、和他说话、跟他玩耍，这些交流对宝宝来说就像营养一样重要。

宋姐爱心课堂

对新生婴儿前三个月的照顾是很累人的，但也是最让父母感到幸福的事。在上面的故事中，安娜的妈妈通过学习，了解了安娜不同哭声的含义。同时，安娜的父母也和安娜交流、玩耍，对她的照顾细致入微，这足以让安娜健康长大。相信处于这个阶段的父母和他们一样，累并快乐着。

生活中，大多数父母都把精力集中在养育婴儿方面：宝宝的喂养，宝宝的休息，宝宝的成长环境，等等。有的宝宝能够很快克服成长中遇到的问题，但也有些宝宝则需要一段时间才能逐渐适应。等宝宝两三个月大的时候，探索就要开始了。

放松心情，愉快地照顾宝宝，是父母应该做的。三个月大的宝宝没有足够的表达能力，而他们唯一的表达方式便是哭闹，作为父母，应该了解这一点。

在斯波克看来，宝宝的前三个月是非常重要的。有些父母将照料宝宝看成是一件非常困难的事情，其实不然，只要用心了解宝宝的需求，去关注宝宝的情绪，父母很快便可掌握照顾宝宝的窍门。

斯波克支招DIY[①]

初为人母，总是会有手忙脚乱的时候，尤其是在前三个月。由于母亲没有

---

①DIY是英文Do It Yourself 的缩写，直译为"己为之"，扩展开的意思是自己动手做。

照顾宝宝的经验，什么事情都要探索着进行。不过不要担心，斯波克可以给你一些建议，让你成为一个称职的母亲。

◆ 大胆地爱你的孩子

当你觉得孩子饿了的时候，不要不敢给他喂奶，即便误解了他的意思，宝宝最多就是拒绝吃奶罢了。每个婴儿都需要母亲对他微笑，还需要温柔而又深情的爱抚。对于婴儿来说，有的父母会说："我担心会不小心伤到他。"其实宝宝并没有你想象得那么脆弱，相反，在婴幼儿时期，宝宝最需要的就是父母的怀抱。

◆ 理智地对待孩子

其实，宝宝的坏毛病都是小时候养成的。很多父母听不得宝宝的哭闹，看不得宝宝的眼泪，由此也演变成对他的溺爱，给宝宝的成长带来极大的麻烦。所以，父母应该理智对待孩子，用自己所学的知识去教育孩子，对于孩子的需求要有辨别意识，不可听之任之。否则，父母将会变成孩子的奴隶，不利于他们的成长。

◆ 让孩子健康长大

宝宝没有足够的表达能力，这也成了父母和婴儿之间的一个沟通障碍。也正是因为这样，才会使得父母更加紧张，生怕宝宝饿着、冻着。其实，宝宝的免疫力是非常好的，只要给宝宝穿足衣服，按时喂养食物，明白宝宝的不同需求，宝宝就能够健康成长。

斯波克育儿小语

父母应该经常和孩子交流、沟通，让孩子感受到父母的温暖。婴儿的前三个月对父母来说是比较困难的阶段，但也是和孩子建立良好关系的重要时段。父母应该抓住这一阶段，耐心陪伴孩子、养育孩子，只有这样，才能够保证孩子健康成长。

当宝宝哭泣的时候，你首先要做的便是了解宝宝哭泣的原因，这是极为重要的事情。

——斯波克育儿语录

阅读时间：30分钟　　受益指数：★★★★★

让哭闹的宝宝安静下来

孩子为什么哭，是一个十分重要的问题。初为人母者在面对孩子哭泣时总会束手无策。其实，要想让宝宝停止哭泣，只需要弄清楚宝宝哭泣的原因，满足宝宝的需求就可以了。

故事的天空

刚来到这个世界12天的小奇诺又哭了起来。露西看着这个稚嫩的小生命，慌忙把他抱了起来。可是小奇诺还是大哭不止。

"亲爱的，你是饿了吗？"露西有些歉疚地问道。

"大卫！"露西把自己的丈夫喊了过来。

"亲爱的，有什么事？"大卫跑过来问道。

"快去给宝贝冲点奶粉，我的母乳似乎不能满足这个小家伙的胃口了。"

"看来我们的宝贝胃口不错呢！"大卫一边说着，一边给宝宝冲奶粉。

可是，当把奶瓶递到小家伙的嘴边时，他却把头一扭，继续大哭不已，似乎对爸爸冲的奶粉并不满意。

这时露西才恍然大悟："亲爱的，我们可能弄错了，小宝贝好像并不饿，他大概是想换衣服了。"

露西边说边掀开小家伙的衣服，可是他的衣服非常干净。那么孩子到底为什么会大哭不止呢？难道是病了？可是给孩子测完体温也没有发现任何异常。看着儿子哭个不停，露西和大卫慌了神，不知道该怎么办。宝宝这到底是怎么了？

宋姐爱心课堂

哭闹是婴儿唯一的表达方式，里面包含了很多种含义。小奇诺的父母没有弄明白小奇诺大哭的原因，才无法让他安静下来。

宝宝刚出生后的一段时间里，一连串的问题会蜂拥而至：他是不是饿了？是不是该换尿布了？是不是哪里不舒服？是不是病了？是消化不良吗？还是他觉得寂寞了？但是很少有父母会想到孩子是不是累了，而这也是宝宝哭闹的最常见原因之一。

有些问题很好解决，而有些则是需要父母们去摸索、琢磨的。事实上，当宝宝长到几个星期大的时候，都会进入到一个烦躁不安的时期。斯波克认为，如果宝宝只是在傍晚或者下午时出现有规律的哭闹，那么就可能是肠痉挛引起的。肠痉挛有时候与腹胀、排气有关。

即使是健康的婴儿，也会在前三个月内出现烦躁和无法安慰的哭闹的情况。这种情况在前六周的时候非常严重，六周后，则会慢慢减弱。

斯波克支招DIY

父母头疼的事情莫过于面对一个哭闹不止、无法安抚的小婴儿，并且很多父母面对哭闹的孩子，会变得束手无策。找出宝宝哭闹的原因才是最重要的。父母需要针对不同的情况，做出不同的试探，来推测孩子哭闹的原因。

◆ 是不是饿了

一般情况下，新生儿需要三个小时左右喂一次奶。在日常的喂奶中，父母会逐渐了解孩子的生活规律。当然有些孩子刚开始并没有养成有规律的生活习惯，这就使得父母很难推测宝宝的需求是什么。可是，如果孩子吃得和平时一样多，却不到三个小时就醒来吵闹，这可能就不是饥饿引起的了。不过随着孩子不断长大，饭量也会相应增长，所以要适量增添辅食。

◆ 是不是累了

有些婴儿似乎生来就不会安安稳稳地入睡，每次到了该睡觉的时候他们就会变得紧张。宝宝在入睡以前会出现某种低落的情绪，所以他们就会哭闹。如果你的宝宝已经吃了奶，换了尿布，可是到了睡觉的时候却还在哭，那么你首先要想到他可能是累了，应该把他放到床上让他睡觉。如果他还是哭，你就可以试着让他一个人待几分钟，试着让他自己安静下来。

◆ 是不是感到不舒服

是尿布的原因吗？有一些宝宝是因为尿布的原因而哭闹，这个时候，父母应该检查宝宝的尿布是不是该换了，或者安全别针是否扎着孩子了。是消化不良吗？有些孩子消化奶水的能力比较差，每次吃完奶以后都会哭闹一两个小时。是不是因为胃部灼热？大多数孩子都会出现吐奶的现象，有些孩子比较严重。当奶水从胃里涌上来的时候，宝宝会感到疼痛，在这种情况下，给孩子拍后背顺气，通过这种方式让他打嗝以缓解。

斯波克育儿小语

初为人父人母，在面对孩子的哭闹时，都会感到手足无措。但是小宝宝并不会无理取闹，他们哭闹都是有原因的。细心观察孩子的日常行为，明白孩子在不同时间段的不同需求，就能让哭闹的小宝宝安静下来。

宝宝唯一的保护膜便是皮肤表层,所以父母要保护好宝宝的皮肤,不要让它受到伤害。

——斯波克育儿语录

阅读时间:25分钟　　受益指数:★★★★★

呵护宝宝娇嫩的皮肤

皮肤不但可以防止有害细菌的入侵,还可以调节体温,并保护体内其他器官。只有健康的皮肤才能正常发挥功能,所以父母应该加倍呵护宝宝的皮肤。

故事的天空

戴安刚出生几个月,皮肤细嫩,吹弹可破,很惹人喜爱。朱莉夫妇也喜欢用手去触碰戴安的皮肤。每当小戴安的父母用手指抚摸他的皮肤的时候,小戴安总是会笑出声。

每天,朱莉给戴安喂完奶之后,看见宝宝嘴边残留的奶汁,都感到非常高兴。有些时候,她还让自己的丈夫给宝宝拍几张照片,留住宝宝吃奶后的样子,给宝宝一个美好的纪念。

可是有一天,朱莉发现戴安的嘴角出现了红色的小颗粒,她不知道怎么回事,便急忙把自己的丈夫叫过来。她丈夫看了看说:"这可能是红

疹吧，小孩子很容易起这个的。"朱莉一听就着急了，问道："红疹是什么东西？我们该怎么办？"朱莉的丈夫答道："不要慌，并没有什么大问题，我们带着戴安去看医生吧！"

到了医院之后，医生诊断是红疹。引起红疹的主要原因就是戴安喝完奶之后，朱莉没有及时为他清理嘴角的奶汁。时间长了，戴安的嘴角便出现了红疹。朱莉听了之后，心里难过极了。

从那之后，朱莉每次喂完奶之后，都会用柔肤湿巾将戴安嘴边的奶汁擦去，然后再抹上润肤霜。这样，没过多长时间，戴安的红疹便完全好了，朱莉也因此松了一口气。

宋姐爱心课堂

由于小戴安的妈妈没有经验，导致小戴安出现红疹，幸好小戴安就诊及时，他的皮肤才没有遭到破坏。其实，精心呵护宝宝的柔嫩肌肤是所有父母应该做的。婴儿的肌肤非常敏感，如果照顾不好，就会出现问题。比如宝宝的泪腺发育不完善，眼睛容易感染，所以，给宝宝洗头时最好选用宝宝专用的洗发产品。在宝宝沐浴后，给他涂上爽身粉，吸去身上的湿气，让他的肌肤保持清新干爽，这样可以预防痱子的出现。这些事情都是需要注意的。

在繁忙的都市生活中，很多母亲为了方便宝宝外出和省去洗尿布的时间，为宝宝选用纸尿片，这就更需要做好宝宝臀部皮肤的护理工作。尿液的刺激容易令臀部皮肤红肿，为了防止这种情况出现，需要在给宝宝更换尿片时，用护肤柔湿巾擦拭宝宝的小屁股，然后涂上宝宝护臀霜，减少外界因素对宝宝皮肤的刺激。宝宝的肌肤特别娇嫩，面对市场上繁多的护肤品牌和种类，选择适合宝宝的护肤产品是非常重要的，最好选用专门为婴儿设计的护肤产品。

斯波克支招DIY

婴儿免疫系统还未发育完善，所以，他们极易感染过敏性皮肤疾病。要想宝宝远离湿疹、口角炎等疾病，妈妈要帮宝宝做好皮肤清洁护理工作。对此，斯波克先生给出了很好的建议。

◆ 清洁

清早起床后,要用柔软的毛巾浸温水来给宝宝擦脸。在宝宝吃完奶或辅食之后,要对宝宝嘴边关键区域进行彻底清洁,但注意不要用碱性大的香皂给宝宝清洁。每晚临睡前都要给宝宝洗个温水澡,并用婴儿专用的柔湿巾给宝宝擦拭小屁股。这不仅可以起到清洁的作用,同时还有润肤的功效,能有效防止红屁股的出现。

◆ 保湿

爸爸妈妈除了要多让宝宝喝水外,每天还要用湿热的小毛巾轻轻地敷在宝宝的嘴唇上,让宝宝的嘴唇充分吸收水分,然后在宝宝的嘴唇上涂抹宝宝专用的润唇膏。宝宝的脸部清洁完后,要及时给他涂抹婴儿润肤露进行保湿;洗澡后要及时把宝宝全身擦干,然后把润肤霜轻轻地涂在宝宝身上,锁住宝宝皮肤所需的水分。

◆ 防晒

新生儿的皮肤很娇嫩,也很敏感,所以外出时要避免宝宝的皮肤过度暴露在阳光下。必要时,要给宝宝暴露的皮肤涂抹无刺激的高品质婴儿防晒品,注意不能使用成人防晒霜。宝宝的皮肤和成人的大不相同,如果贸然使用成人护肤品,会给宝宝的皮肤带来极大的伤害。

斯波克育儿小语

每个宝宝都有着自己独一无二的皮肤,呵护宝宝的皮肤,是每个父母的责任。让宝宝远离皮肤问题,需要父母的共同努力。

> 如果婴儿每天和父母都有身体接触，那么他们会成长得更好。
>
> ——斯波克育儿语录

阅读时间：25分钟　　受益指数：★★★★

身体接触最有爱

在许多地方，孩子从很小的时候就被母亲用小布背兜背在身上。白天他们感受母亲身体活动所产生的震动；夜里，他们和母亲睡在一起，感受妈妈平缓的呼吸。经过调查发现，在这种环境下成长的孩子，很少会有哭闹、呕吐和焦躁的情况出现。

故事的天空

汤姆长大后，和父母非常亲近，而这要归功于汤姆的父母对他从小的关怀和教育。在婴儿时期，汤姆几乎是每天和母亲睡在一起，母亲也很乐意给汤姆讲睡前故事。父亲则每周末都会带着汤姆去参加一些亲子类的活动，以此来促进自己和汤姆之间的感情。

值得一提的是，为了能够让汤姆更快地认识这个世界，妈妈常常带他去公园，并且牵着他的小手让他摸摸红色的小花、绿色的树叶，甚至是摸摸水池旁在啄面包的白鸽。这一切都让汤姆觉得新鲜又有趣，他喜欢这些植物和动物，喜欢漂亮的公园，当然，他更爱带他认识这些的妈妈。

有一天，汤姆一家人去餐厅吃

饭。餐厅老板的儿子莱恩与汤姆年龄差不多，所以两个小孩子一见面就十分亲热，很快就凑到一块儿聊了起来。

过了一会儿，菜都上齐了，汤姆的母亲将汤姆放在儿童椅上，一家人准备吃饭。莱恩则在桌边晃来晃去，想要和汤姆多玩一会儿。汤姆的母亲担心两个孩子在玩闹间被烫着，于是便对莱恩说："莱恩，先去找妈妈好不好？等汤姆吃完饭后，再让他去找你。这里有很多热菜热汤，一不小心就会被烫到。"小莱恩却说："阿姨，那我去门口等着汤姆。爸爸妈妈每天都很忙的，没有时间和我玩。"莱恩刚说完，汤姆就接话道："啊，莱恩你好可怜啊，你放心，我吃完饭就去找你。以后我出去玩的时候，都会叫上你的。"然后回头看着妈妈说道："妈妈，可以吗？"汤姆的妈妈答道："当然可以。"

就这样，汤姆吃完饭之后，两个孩子又在一起玩耍。莱恩的妈妈走过来说："真是谢谢你们了，小莱恩好像从来都没有这么高兴过。"汤姆的妈妈说："呵呵，其实让小莱恩开心并不难，主要是因为你们平时太忙，有些疏忽孩子了。"莱恩的母亲说道："是啊，像我们这种工作，从早忙到晚，没有时间照顾孩子。现在，我想抱抱莱恩，他都不愿意啊！"汤姆的妈妈安慰道："也不要太担心了，孩子现在还小，你以后多花一点时间陪陪他，他自然会跟你亲近的。如果现在还不知道挽回的话，恐怕等孩子长大后，你就会后悔了。"

听完汤姆妈妈的话，莱恩的妈妈望着门外的莱恩沉默了……

宋姐爱心课堂

在婴儿时期，父母如果经常陪伴在孩子身边，与孩子进行亲密接触，将对孩子以后的思想和行为带来积极的影响。在上面的故事中，莱恩和汤姆就形成了一个鲜明的对比。汤姆因为自小有父母的陪伴，所以和父母极为亲近；而莱恩则因为父母的忽视，显得略为孤单。

儿科医生约翰·肯内尔和马康·克劳斯通过多年的研究与观察提出了"亲情反应"这个词，用来描述父母和新生儿之间实现天然联系的过程。孩子与父母间的感情是与生俱来的，这种天然的联系是任何东西都无法替代的。

现实生活中，绝大多数父母都认为物质生活才是最重要的。所以，他们每天奔走在生意场上，为孩子创造更好的物质生活，陪在孩子身边的时间少之又少。等到孩子渐渐长大后，父母察觉到孩子对自己的疏离，自己曾经打拼下来的事业，还不及孩子的一个微笑和问候。

所以，父母应该多花些时间陪陪孩子，不要让孩子觉得孤单。上班前和孩子打个招呼，下班后和孩子一起玩会儿游戏，睡觉前为孩子讲讲故事，周末多和孩子进行有益的亲子游戏，增加与孩子身体接触的机会，让孩子在日常生活中感受到来自父母的爱，这才是最重要的。

斯波克支招DIY

那些和宝宝经常接触的父母，会让宝宝对他们产生很深的感情，这种感情的影响会持续很久。在沟通过程中，宝宝也会给予其相应的回应。那么，父母该如何和宝宝保持亲密接触、培养感情呢？斯波克先生给了以下建议。

◆ **快摸摸你的孩子**

许多父母在孩子长大之后才发现自己失去了在婴儿时期与孩子相处的机会。宝宝出生以后，父母应该争取一切机会与孩子进行亲密接触，记住孩子来到这个世界上最初的样子、最初的表情，用自己的手指抚摸孩子的皮肤。这种感觉与孩子长大后亲昵的感觉是不同的。

◆ **鼓励母乳喂养**

母乳的营养比奶粉高出许多，坚持母乳喂养，不但可以增强孩子的免疫力，还可以增进母亲与孩子之间的感情，亲情反应也会随之产生。

◆ **有时间多抱抱孩子**

让孩子紧贴在父母的胸前，感受父母的心跳，可以增加孩子与父母之间的亲情。其实，孩子与父母之间的感应是非常神奇的，不要觉得长时间抱着孩子是一件很累的事情，在累的同时，也促进了你和孩子之间的感情。要知道，每一次的接触都是让父母与孩子关系更亲近的最有效的办法。

斯波克育儿小语

亲情反应就是父母和孩子之间那种相互关联又彼此拥有的感觉，它是一种很强大的力量。只要父母经常与孩子亲密接触，亲情反应就会发生。所以，当幼小的孩子伤心、闹脾气时，给他们一个大大的拥抱吧！

父母的爱是宝宝健康成长的养料。

——斯波克育儿语录

阅读时间：<u>30</u>分钟　　受益指数：★★★★★

用最无私的爱抚养宝宝

在同宝宝交流时，父母爱的目光能胜过一切语言。然而有一些父母，因为过于追求完美，平时总是用挑剔的眼光看待自己的孩子。他们总觉得自己的孩子各方面都不如别人家的孩子优秀，总爱在孩子面前数落他的不是。时间久了，宝宝就变得灰心丧气，没有了自信心。

故事的天空

布朗的父亲是一位足球爱好者，年轻的时候是国家队的足球训练员，因一次意外受伤，他再也无法踢足球了。于是，布朗的父亲就将自己的期望寄托在了布朗身上。在他看来，布朗的未来就在足球上。

一天，布朗正在练习，突然，从远处飞来一个足球，正击中布朗的右腿，布朗当时就倒在地上。

"医生，我的孩子怎么样了？"布朗的父亲问道。

"情况不是很好。"医生回答说。

"一定要治好布朗，他

将来要成为一名足球运动员，腿对他很重要的。"布朗的父亲哀求道。

"足球运动员？就目前的情况来看，做一名专业的足球员是不可能的。不过他可以业余的时候踢踢球，这个倒没有什么大问题。但是在此之前，应该让小家伙好好地休养一年，在这一年内不要让他再踢球了。"医生的回答让布朗的父亲觉得犹如晴天霹雳。

布朗伤好出院后，父亲不顾医生的劝告，依旧让布朗参加足球训练。几天后，布朗又被送到医院。这次，布朗不仅无法再触碰足球，就连奔跑也成了一种奢望。正是因为布朗的父亲不听劝告，让布朗参加训练，才会导致意外再次发生。

布朗的父亲也没有想过会因为自己的固执己见，让小布朗失去了奔跑的自由。小布朗从此也变得郁郁寡欢，不愿意再和父亲进行过多的交流。很明显，布朗父亲的爱已经在不知不觉中打了折扣，他的顽固最终导致孩子和自己疏远了。只有无私地爱自己的孩子，孩子才会健康长大。父母都希望自己的孩子优秀，但优秀的前提是父母给孩子正确的爱。

宋姐爱心课堂

布朗的父亲是爱自己的孩子的，但是却用错了方法。他把自己的理想强加在孩子的身上，却不问布朗的意见，最后才致使布朗腿部受伤，甚至失去了奔跑的权利。

父母都应该好好想想，自己对孩子的爱到底是不是孩子所需要的。在中国，自古就有"望子成龙、望女成凤"的说法。大多数父母都希望自己的孩子成为人上人，所以对孩子的管教都非常严格，致使孩子和父母的关系就好比是老鼠见了猫一样。时间长了，孩子对父母每日怀着惧怕的心理，开始变得焦躁不安，害怕做错事情，害怕受到父母的责备，和父母的关系就越来越疏远。这些是每一对父母都不愿意见到的。

虽然父母的出发点都是好的，可是当孩子情绪暴躁不安的时候，父母也应该给予及时的关怀，尊重孩子的意见，不能一味地指责、批评孩子；当孩子取得一定的成绩时，父母要及时给予鼓励和支持，并且给孩子一个大大的拥抱，让他从心里感到自己是被认可的。

每个孩子都渴望自己被肯定，希望父母用拥抱和安慰来回应他们所犯下的错误。所以，父母只要用无私的爱来爱自己的孩子，就会收到很好的效果。

斯波克支招DIY

初为人父人母，在教育孩子的问题上，总是显得不知所措。他们认为，虽然一些方法并不是太适合自己的孩子，但是却符合教育孩子的要求，所以便不管孩子的意愿，全部加到孩子的身上，让自己的孩子处于不安的状态中。其实，这样做只会让孩子胆怯、自卑，对孩子的身心发展都不利。那么作为父母，要如何正确处理爱和教育的关系呢？斯波克先生给了如下几点建议。

◆ **不要被功利的爱蒙住双眼**

社会的进步在人们心中播下了竞争的种子，许多父母对孩子的要求也越来越高，将自己的孩子和他人对比也就成了一种习惯。优秀的宝宝能让父母感到骄傲和自豪，而不善于表现自己的孩子则被划分到不优秀的行列，令父母抬不起头。在这样的情况下，父母戴着功利的眼镜去看待自己的孩子，这对孩子来说是极为不公平的。所以，父母不要给爱拴上功利的枷锁，这样只会阻碍孩子的成长。

◆ **给予孩子爱的目光**

父母的爱是对孩子最好的教育。在生活里，每个孩子都会遇到大大小小、各种各样的困难。在这种情况下，父母不要急于伸手去帮助孩子解决困难。父母只需默默注视着他，用关爱的目光帮宝宝树立战胜困难的勇气，用坚定的眼神给予孩子坚持下去的力量。给予肯定，才能使孩子的潜力无限地发挥出来。只有爱的目光，才能让孩子更健康、更坚强地长大！

◆ **不要攀比**

每个孩子都是独一无二的，不要和别人家的孩子比较，自己的孩子永远是最优秀的。可是，父母往往会忘记这一点。所以，几乎每个孩子从小就有一个敌人，叫作"别人家的孩子"。可是，如果父母每日都把这件事情挂在嘴边唠叨，不仅不会使孩子变得优秀，反而还会让孩子出现逆反心理。所以，请相信自己的孩子永远是最优秀的，不要拿他和别人家的孩子攀比。

斯波克育儿小语

无论孩子做错什么事，表现得多么差劲，都应用爱的目光给他一些宽容和理解。

如果一个丈夫认为照看孩子是在帮妻子的忙，那么他所能得到的益处将会大打折扣。

——斯波克育儿语录

🕐 阅读时间：30分钟　　🎓 受益指数：★★★★

第一章　奇妙的成长（0～1岁）

让爸爸也动起来

新晋父母总会在照料孩子的问题上发生冲突。一些父亲认为照料孩子是母亲的责任，而自己则负责养家糊口。那么，养育孩子真的只是母亲自己的事情吗？研究表明，父亲在孩子的成长过程中起着非常重要的作用，孩子与父亲之间的关系，有着许多与母亲不同的特点。

故事的天空

布莱恩是一名搭脚手架的优秀建筑工人，同时也是一位父亲。布莱恩把希望寄托在儿子凯文身上，希望他来实现自己未完成的梦想。可对于凯文来说，父亲只是那个每天早上匆匆一瞥的身影，是那每天晚上在睡梦中听到的开门声。对于父亲，凯文感到极为陌生。

凯文自从有了记忆，每天陪伴在他身边的是他的母亲，每天晚上给他讲睡前故事的也是他的母亲。当小凯文伤心时，给

予他安慰的还是他的母亲。有些时候，他想要跟爸爸聊聊天、做做游戏，可是爸爸却以工作忙为理由拒绝了。

有一次，凯文生病了，妈妈请假陪他去了医院。在医院里，凯文看到一些小朋友都是由爸爸妈妈一起陪着来的。于是，凯文便对妈妈说："妈妈，你给爸爸打个电话吧，我想见爸爸。"凯文的妈妈为了安慰凯文，只好拨通了布莱恩的电话。谁知，电话刚接通，布莱恩就急急地说："你等一下，我现在忙着呢，待会儿打给你。"接着便听到"嘟嘟"的声音。

小凯文的眼泪瞬间掉了下来。他哭着扑到妈妈的怀里："妈妈，爸爸是不是不喜欢我？要不然怎么我生病了，他都不愿陪我。"从那之后，凯文和父亲慢慢地疏远了。后来，当凯文生病的时候，再也没有提出让爸爸来陪的要求。

渐渐地，小凯文长大了，布莱恩想要让凯文从事建筑工作。可是在凯文的眼中，建筑工作就是剥夺他应得的父爱的罪魁祸首，所以不管布莱恩怎么劝说，凯文还是毅然决然地报考了医学专业。这让布莱恩非常生气，为此，父子俩还大吵了一架，冷战了很长时间。

宋姐爱心课堂

研究表明，15个月时，母亲是孩子的主要游戏伙伴；20个月时，父亲成为偶尔的游戏伙伴；到了30个月时，父亲会变成主要的游戏伙伴。凯文与父亲意见相悖，都是因为小的时候沟通较少。如果父亲的爱如同母亲的爱那般，就不会发生冲突和吵架的情况了。

父亲照料孩子，首要的前提便是了解孩子，而了解是需要通过相互交流来实现的。当父亲照料过孩子后，就会发现孩子的成长和变化。其次，父亲提供给孩子的是不同于母亲的经验和机会。斯波克先生说，父亲和母亲与孩子玩的游戏风格是不同的，父亲的规则少，相对活泼，这种风格给孩子提供想象的空间。最后，父亲与孩子的接触，客观上给孩子提供练习的机会。父亲的照料简单、顾虑少，看似危险，实则为孩子提供了实践的机会。

孩子与父亲和母亲相处的模式是不同的，让孩子在感受到母爱的同时，也不能让孩子缺少父亲的爱。

🙂 斯波克支招DIY

在面对孩子时，父亲总是以一种严父的形象出现，而这是完全错误的。孩子渴望父亲的爱，就如同渴望母爱那般心切。那么，作为父亲该如何与自己的孩子相处呢？

◆ **和孩子成为伙伴**

父亲要想成为孩子的玩伴并不难，只要经常参加孩子的活动，聆听孩子的心声就可以了。想让孩子健康成长，最主要的是父亲要满怀极大的爱心去关注孩子，多花时间与孩子一起玩，满足孩子在情感和求知方面的需求，让孩子感知到父爱。

◆ **善于与孩子沟通**

父亲了解孩子，是教育和培养孩子的前提。了解孩子最好的方法就是亲近孩子，与孩子多沟通，与孩子经常聊天、交流。或许有些父亲觉得和孩子沟通交流会有损自己的威严，这样的想法只会让孩子与你疏远。不了解自己孩子的思想，就盲目地作出判断，是一个父亲的失职。所以，要想做一名合格的父亲，那么从现在开始，试着和孩子多多交流吧。

◆ **用故事引导孩子**

有些父亲认为讲故事是母亲应该做的事情，父亲只要严厉就好了，这是大错特错的。作为父亲，平时多给孩子讲一些道理，这是不可或缺的环节。除此之外，父亲还应该多陪陪孩子，在陪孩子玩耍、哄孩子睡觉或带孩子旅游时，利用一切空闲时间，给孩子讲故事，让他们从故事中汲取营养，树立正确的人生观。

🙂 斯波克育儿小语 ♥

父亲该如何教养孩子，方法其实很简单。第一，要做个好男人，具备好男人的良好个性品质和良好行为习惯，给孩子树立一个好的榜样；第二，多与孩子一起享受生活的乐趣，与孩子建立亲密的亲子关系；第三，在玩的过程中有意识地激发孩子的好奇心，拓宽孩子的知识面，培养孩子各方面的能力。

宝宝的"吃饭问题"学问大

母乳喂养不仅可以成功塑造一位母亲，而且还可以尽快加深母子之间的感情。

——斯波克育儿语录

阅读时间：30分钟　　受益指数：★★★★★

充满爱意的母乳喂养

每一位母亲都懂得母乳喂养的重要性，知道母乳是帮助宝宝健康成长最好的食物，并且大部分母亲都能成功给宝宝进行母乳喂养。

故事的天空

上个月，爱丽丝产下了一个可爱的女儿。刚生产完，爱丽丝就因为过度疲劳而昏睡过去。醒来后，她的丈夫给她买了一些食物，让她补充体力，然后把女儿抱给她看。爱丽丝看着眼前这个小生命，突然慌乱起来，不知道该如何是好。这个时候，护士走了过来，见爱丽丝已经醒了，于是便教给爱丽丝如何进行母乳喂养。

这下，爱丽丝真的傻眼了，她在书上看到的知识全忘了，脑袋一片空白。护士见爱丽丝有点不知所措，便上前帮忙。护士让爱丽丝靠在床头

上，然后让宝宝侧躺在爱丽丝的怀里，可是折腾了半天，宝宝都没有吃到奶，急得爱丽丝满头大汗，她的丈夫也在一边来回踱步。

到了第二天，护士过来询问爱丽丝："孩子吃奶了吗？"爱丽丝苦闷地摇摇头。护士说："这样下去也不是办法，如果真不行的话，下午就要给孩子喂奶粉了。"

爱丽丝知道母乳喂养的重要性，听了护士的话后，心中又急又气，不知道该如何是好。正在这时，爱丽丝的妈妈来了，安慰爱丽丝说："刚生完孩子，没有那么快有奶的。"说着还给她盛了一碗鲫鱼汤。到了半夜，爱丽丝突然感觉乳房胀痛，她吓得叫出声来。护士过来一看，知道爱丽丝有奶了，于是便把宝宝抱过来放到爱丽丝的怀里。这一次，虽然宝宝吃起来还是很费劲，但是总算吃上奶了。

宝宝吃完奶之后便睡着了，而那一夜，爱丽丝却是彻夜无眠。

宋姐爱心课堂

每一个新妈妈都有过第一次哺乳的紧张和笨拙。新妈妈需要不断地尝试，经过很多次努力后，妈妈和宝宝才会产生默契。在这个过程中，妈妈出现焦急的情绪是情理之中的事，就如同爱丽丝一样。所以在喂养的过程中，不妨用平静的心去看待，这样或许能够帮助你更快地喂养成功。

妈妈产后的48小时内，因为某些特殊的原因，会使得乳汁量减少。不过这只是暂时的，只要找到原因并采取相应措施，母乳便会增多的。所以，新妈妈们遇到这种情况不必过于着急。斯波克指出，有些妈妈担心宝宝会饿着，当自己的乳汁减少或者没有时，她便急着用其他的乳类为宝宝补充营养，而这么做的结果，很可能就会导致母乳喂养的失败。

当出现乳汁不足的情况时，妈妈首先要做的就是保持一个愉快的心情，积极寻找乳汁量少的原因。与此同时，还要服用营养丰富的流质饮食或者催奶食物，并且要坚持让宝宝吸吮。这样一来，妈妈的乳汁分泌量就会渐渐增多。

斯波克支招DIY

宝宝出生之后，妈妈都会竭尽全力给宝宝喂养母乳，希望宝宝能够健康成长。可是，有些宝宝却不愿意和妈妈配合，使得母乳喂养变得艰难起来。喂宝宝母乳这件事看起来很简单，但实际上却没有那么容易。

◆ **不要有太多顾忌**

其实，刚开始进行母乳喂养的时候，不必规定一天喂养的次数、时间和喂奶量。开始时，只要是宝宝哭啼，或者是妈妈认为到喂奶的时候了，就可以将宝宝抱起来喂母乳。这样可以让妈妈体内的催乳素分泌增多，从而促使乳汁量增加，而且还能够预防乳腺炎。如果妈妈身体虚弱或者是伤口疼痛，可以采用侧卧式喂养宝宝。不过身体康复后就不适合躺着给宝宝喂奶了，否则会影响宝宝的下颌发育。

◆ **掌握正确的喂养技巧**

在喂奶的过程中，妈妈一定要放松，不要紧张，给宝宝一个安静的吃奶环境。妈妈可以坐在低凳上或者床边，如果位置高的话，可以让身体靠在椅子上，在膝盖上放一个枕头，抬高宝宝。把宝宝放在腿上，让宝宝的头部枕着妈妈的胳膊。妈妈要用手托起宝宝的小屁股和后背，让宝宝的脸和胸脯贴近妈妈，下颌紧贴着乳房。轻轻托起乳房，首先让乳头刺激一下宝宝嘴部周围的皮肤。等到宝宝张嘴的时候，妈妈要赶快将乳头放入宝宝的嘴里，这是非常关键的一点。除此之外，妈妈还应该一边喂奶一边按压乳房，这样不仅利于宝宝吸吮，还能防止乳汁堵住宝宝的小鼻子。

◆ **合理摄取营养丰富的食物**

母乳喂养期间，妈妈需要补充大量的热能和营养素，所以每天要多吃，一天以4～5餐最为适宜。还要多喝一点催乳的汤类，如炖鸡汤、豆腐汤、青菜汤等。如果没有乳汁或乳汁少，妈妈也不要放弃，可以咨询妇产医生，吃一些催奶的药膳。不过，在哺乳期间，妈妈的进食量并非越多越好。如果摄取过量的食物，最后不但不能增加乳汁量，反而会因为肠胃不适使得乳汁减少。

斯波克育儿小语

夜间喂奶是一件非常辛苦的事情，所以，这就要求新妈妈尽量和宝宝同步休息。因为睡眠充足，不但有利于妈妈的身体恢复，也有利于乳汁的分泌。这样一来，可以让母乳喂养变得更顺利。

只要你认为你的孩子饿了，只要你觉得你的奶水够用，你就应该喂他。
——斯波克育儿语录

阅读时间：30分钟　　受益指数：★★★★

你的宝宝吃饱了吗

对于那些没有经验的母亲来说，可以把喂奶的时间间隔控制在两个小时左右，这样掌控喂奶的时间，宝宝才能够吃得饱。

故事的天空

克里斯丁刚做了母亲，很是兴奋，每天起床洗漱完毕后，便去婴儿床上盯着自己的女儿看。因为克里斯丁的母亲和婆婆都离得比较远，她身边没有一个可以指导自己的人，什么事情都要靠自己摸索着进行。

有时候，女儿哭了，克里斯丁就赶快将女儿抱起来，来回地摇晃，慢慢地，女儿也就安静下来了。克里斯丁见女儿如此听话，心里感到一丝安慰，并没有像别人所说的那样闹心。克里斯丁的喂养方法比较简单，每三个多小时喂养一次。因为女儿平时不大吵闹，所以在克里斯丁看来，她的这种喂养方式应该是正确的。

第一章　奇妙的成长（0～1岁）

可是，过了一个星期后，女儿的体重却没有增长，这可把克里斯丁吓坏了。因为一般情况下，婴儿出生一个多星期后，体重是有所增加的，而自己女儿的体重却没有一点儿增加。克里斯丁害怕出了什么问题，急忙带着女儿来到了医院。

幸好，经过医生的检查，发现她的女儿并没有出现什么问题。只是她女儿的体重较其他婴儿来说，增长得慢一些。而且就目前女儿的状况来说，克里斯丁的喂养方式还是比较科学的。女儿每次都能够吃饱，可以及时补充营养，这算是虚惊一场。

从那之后，克里斯丁更加注重对女儿的喂养了，每次都定时给女儿哺乳。两个多星期后，女儿的体重终于有所增加，这也让克里斯丁悬着的心放下了。

宋姐爱心课堂

宝宝是否吃得饱，是新妈妈们都感到极为困惑的一个问题。根据孩子吃奶时间的长短无法判断宝宝是否吃饱了。因此，孩子出生一星期后就应该称一下体重，出院两个星期后，应该让医生给宝宝做一个全面的体检。如果在此期间，哺乳进行得并不太顺利，那么母亲就应该提前做一些检查，这样一来就可以及早发现问题。

案例中的克里斯丁虽然身边没有母亲指导，但是她根据自己所学到的知识，再加上无微不至的关怀，摸索出了适合女儿的一套哺育方案。所以在哺养孩子的时候，也不能一味地听别人的意见。一天喂养几次等问题，还是要根据孩子的具体情况而定。

有些父母是根据婴儿的哭闹声来确定喂养的次数和时间的。斯波克认为，婴儿的哭闹声与饥饿有一定的关系，饥饿感很容易让孩子提前醒来吃奶。如果宝宝饿得快，这或许是因为宝宝的胃口大开，或者是妈妈过度劳累使得奶水分泌减少的缘故。不过，不管上述哪一种情况，你都尽管放心，因为在某一天或者某几天内，孩子肯定会出现频繁吃奶的现象，这些都很正常。

不过，斯波克建议，当心情不好的时候，妈妈可以暂停哺乳，也可以将乳汁挤入奶瓶，用奶瓶给孩子喂养。等母亲调养好了之后，再进行哺乳喂养。

斯波克支招DIY

对于新父母来说，在喂养宝宝的时候，怎样才能知道宝宝吃饱了呢？下面看看斯波克给你支的招。

◆ **乳房的自我感觉**

妈妈在哺乳之前，乳房都有饱胀感，表面还会显露出静脉，用手轻轻按的时候，就会有乳汁流出来。哺乳之后，妈妈会感到乳房松软，有一点下垂。这就说明，宝宝已经把乳汁吃进去了。

◆ **吃奶的声音**

宝宝每吸吮2～3次，妈妈就能够听到宝宝下咽的声音，这就说明妈妈的乳汁非常充足。这样持续约10分钟的时间，就足够喂饱宝宝了。如果宝宝吸奶的时候，要花费很大的力气，或者是最后吃完了还要含着乳头，这就代表着宝宝没有吃饱。

◆ **宝宝的满足感**

宝宝吃饱后一般都会产生一种满足感，然后就能够安静地睡上2～4个小时。如果宝宝吃完奶之后一直哭闹不停，或者是还没有睡够1～2个小时就醒来，这就表示他没有吃好，应该给宝宝适当地增加奶量。

◆ **大小便次数**

宝宝大小便的次数也能够反映出宝宝的饥饱情况。宝宝喝母乳，大便会呈金黄色，宝宝喝奶粉，大便则呈淡黄色，而且非常干燥。比如宝宝一天大便2～4次，小便则为8～9次，这样宝宝便是吃饱了。如果宝宝的大便呈现绿色，而且粪质少、含有大量的黏液，这就说明宝宝没有吃饱。

◆ **体重增长**

体重的增长是衡量宝宝是否吃饱的可靠依据。体重的增加或减少是宝宝饮食好坏最为有效的指标。足月的婴儿在第一个月内体重会增加720～750克，到了第二个月则会增加600克。一般情况下，6个月以内的宝宝，每个月的平均体重如果增加600克左右，这就代表宝宝吃饱了。如果宝宝的体重增加得够多，这就说明奶水比较充足；如果体重增加得较少，也就是每月在500克以下，就表示奶水不够，宝宝没有吃饱。

还有一种方法便是在喂奶前后分别给宝宝称一次体重，两次体重的差便是宝宝这一次的吃奶量。出生3个月的时候，宝宝每一次的喂奶量为100～150克，6个月的时候为150～200克。只要达到这个标准，就意味着宝宝吃饱了。

斯波克育儿小语

宝宝吃奶的时间不宜过长。从母乳的成分来看,宝宝刚开始吸出的乳汁里面含有大量的蛋白质,而脂肪的含量很低。随着吸出的乳汁增多,脂肪含量会逐渐升高,而蛋白质含量则慢慢降低。如果喝这样的乳汁,很容易引起宝宝腹泻。所以,婴儿吃奶的时间不宜过长。

爸妈私房话

> 奶粉喂养最大的问题就是，照顾宝宝的人可以看到剩下的奶粉有多少，从而逼着宝宝多吃，这样就会引起肠胃问题。
>
> ——斯波克育儿语录

⏰ 阅读时间：<u>25</u>分钟　　🎓 受益指数：★★★★★

第一章　奇妙的成长（0～1岁）

母乳与奶粉：宝宝的食物套餐

一般情况下，不要进行混合喂养，最好采用补授法。也就是说，先喂宝宝母乳，喂完之后再添加配方奶补充。

🧒 故事的天空

玛丽最近一直闷闷不乐，不管做什么事情都提不起兴致，甚至连宝宝都要交给自己的婆婆看管。这到底是出了什么问题呢？

原来，玛丽生产已经3个月了，一直在家待着让她感到十分闷得慌，所以想要再回到自己的工作岗位上，而宝宝，她觉得用奶粉喂养就可以了。但是她的婆婆为了孩子身体健康着想，不想让宝宝过早地脱离母乳喂养。因此，玛丽很是生气，和婆婆产生了分歧，最近一段时间心情都不是很好。

玛丽的好朋友丽萨已经有两个孩子了，看到玛丽这样，她也为好友着急。这天，丽萨来到玛丽的家里，想要劝说一下玛丽，让她放平

心态，先喂养好宝宝再说。

玛丽说："我一直在家待着，很是烦闷。再说现在的小孩不是有很多都用奶粉喂养的吗？而且我的奶水量本来就少，宝宝每次都吃不饱，婆婆还不让添加其他的辅佐食物。这样一来，对宝宝的发育怎么可能会有帮助呢？"

丽萨说道："宝宝吃不饱可以添加辅佐食物，补充缺失的营养。但是你要知道母乳对于宝宝来说是无可替代的，母乳里面所含有的营养也不是其他人工食物能够弥补的。所以为了孩子的身体健康，你还是要继续进行母乳喂养。孩子吃不饱，是因为你的乳汁不够，这个时候再有目的地喂孩子一些人工食物，对孩子的身体有好处。"

玛丽有些郁闷地说："就算我同意，我婆婆也不会同意的。她一直认为只有母乳才是最好的，根本就不让他吃别的东西。"

丽萨说："你婆婆是关心则乱。她是过来人，放心吧，只要你好好地和她沟通，肯定没问题的。"

经过丽萨的劝说，玛丽的心情才算是好了一些。过了一个星期，玛丽对丽萨说，她婆婆同意母乳喂养和奶粉辅助相结合了，这样她的心情也就轻松了许多，也不再急躁了。

宋姐爱心课堂

不管什么时候，母亲都不应该放弃母乳喂养。母乳是根据每一个孩子的具体情况量身定做的最佳食物，而奶粉却是一成不变的。玛丽想要放弃母乳喂养，这是极其错误的决定。在这个世界上，没有相同的乳汁成分，每一位母亲的乳汁都是根据孩子的成长情况随时进行调整的，甚至在一天之内就可以调整。

例如，对于那些早产儿的母亲，她们所分泌的乳汁要比足月生产的母亲的乳汁中含有更多的免疫球蛋白。而奶粉的营养物质却是千篇一律、没有一丝变化的。

不过，有些母亲也会出现和玛丽相同的情况，自身的乳汁量不够，宝宝吃不饱，这个时候母亲可以适当地给宝宝进行奶粉喂养。那么宝宝从什么时候开始添加辅食最好呢？斯波克先生建议，对于那些足月的宝宝，在16周的时候就可以添加辅食了，而对于那些早产儿，还要将早产的时间计算在内。有一些宝宝的断奶时间比较晚，到了6个月的时候，他才会慢慢地适应辅食。即便每一次辅食的摄入量并不多也没有关系，所有的事情都要顺其自然，时间久了，宝宝自然会适应的。

斯波克支招DIY

那么，作为新晋妈妈，该如何打造宝宝的食物套餐呢？斯波克先生给您以下建议。

◆ 偶尔使用一下奶瓶

母亲给宝宝进行母乳喂养，是不是就不用奶瓶喂养孩子了呢？当然不是。很多母亲都喜欢每天在固定的时间给孩子喂一瓶奶。而且她们发现，这样做并不影响母乳的分泌。不过前提是，在几周之内，她们的奶水是稳定的，每天只用奶瓶给孩子喂一次奶。有时候，母亲因为劳累或者是心情不好，分泌的奶汁量也会相对减少，这时候宝宝也会表现出没有吃饱的样子。在这种情况下，就需要给孩子进行奶瓶喂养。不过要注意的是，一天的配方奶不宜喂得过多，否则要想再进行母乳喂养就不是容易的事情了。

◆ 喂奶粉要循序渐进

以2～3个月的宝宝为例，刚开始的时候，先为其准备150毫升奶粉。如果喝了之后，宝宝好像还没有喝饱，那么下一次就冲180毫升，但是最多不要超过180毫升。如果一次喝得过多，就会影响到妈妈的母乳喂养，也会造成宝宝消化不良。如果宝宝半夜不再哭闹，体重也有明显的增加，那么这种方法便可以延续下去。如果情况相反，母亲就要找寻原因，想出解决办法。

◆ 让宝宝适应奶瓶

宝宝到了第三四周的时候，母亲可以每天用奶瓶给宝宝喂1～2次母乳或者配方奶。不过你要打算让孩子在2～9个月中适应奶瓶，那么每周最好要用奶瓶喂他一次。这样一来，宝宝在这段时间内可以养成很好的习惯。如果这段时间养不成习惯，那么以后他就会抵触奶瓶，给父母的奶瓶喂养带来很大的困难和麻烦。

斯波克育儿小语

母乳喂养，不仅对母体和婴儿的身体有极大的好处，而且还会给宝宝的心理健康带来极大的帮助。母乳喂养可以让孩子感受到幸福的母爱。有一些产妇下奶时间比较晚，不过随着身体逐渐恢复，母乳的量也会不断增加。如果这个时候放弃了母乳喂养，那么也就等于放弃了宝宝吃母乳的希望。所以，在遇到挫折和困难的时候，母亲千万不要气馁，要给自己充足的自信心才行。

爸妈私房话

在宝宝断奶的时候，你应该绝对放松，遵从宝宝自己的意见。

——斯波克育儿语录

阅读时间：25分钟　　受益指数：★★★★★

断奶一定要坚决

断奶不仅对宝宝很重要，对母亲来说也是非常重要的；不仅对身体很重要，而且对感情也非常重要。母乳喂养停止的时候，母亲可能会感到有些沮丧和失落，就好比失去了某种和孩子之间的联系纽带，而且还一度认为自己成了一个没有价值的人。所以，针对这种情况，断奶需要循序渐进，不要太过急切。

故事的天空

看着小贝克一天天长大，切利克想着给贝克断奶的事情。可是，切利克终归是个母亲，心非常软，一看到小贝克她便狠不下心来，毕竟小贝克才十个月。切利克的同事都劝她：断奶的时候千万不要犹豫，否则就会出现很多问题。眼看着天气渐渐变热，切利克的奶水也已经满足不了贝克的需要，如果再不断奶的话，对宝宝也没有什么好处。切利克想到这里，狠下心来一定要给宝宝断奶。

断奶的过程非常艰辛和漫长。为了断掉孩子吃奶的念头，切利克最后只能"背井离乡"，去外地的妹妹家里"躲"一阵子。第一天的时候，切

利克的心里还是比较轻松的。以前一下班，满脑子想的都是宝宝，回到家就是围着宝宝团团转，好像都要把自己遗忘了似的。而今好不容易找到一个放松的机会，一定要好好享受才对。可是，到了第二天，切利克的心里就开始不安稳了，她想：自己的小宝贝看不到自己会不会哭闹？到了第三天，她决定回家看看自己的宝宝过得怎么样。当从窗外看到宝宝的小脸时，切利克的心里突然一阵发酸，差点掉下泪来。最后，切利克没能忍住，还是走了进去。贝克看到妈妈表现出一副吃惊的样子，也没有扑到妈妈的怀里，而是怔怔地看着她。直到切利克叫他名字的时候，他才爬过来，紧紧地抱住切利克，小手还不停地拍着切利克的胸部。这个时候，切利克才意识到，宝宝并没有忘记母乳。

想到这，切利克忍下心中的不舍，将宝宝交给保姆，又转身离去。

后来，又过了两天，切利克刚回到家，正在外面和邻居说话，就听到一个稚嫩的声音，含混不清地叫着妈妈。切利克很是吃惊，她急忙从窗子看去，原来是贝克听到了她的声音，在叫她。切利克心里激动极了，这一声"妈妈"成了切利克所听到的世界上最为美妙的声音。这个时候，切利克心里甚至有些怨恨自己的无情和狠心。自从这天开始，她用母乳喂养贝克的日子彻底结束了。虽然不舍，但是为了宝宝，一切都是值得的。

宋姐爱心课堂

是的，有母乳喂养经历的母亲都有过切利克那样的艰难和辛苦。断奶或许是出于无可奈何，或许是因为到了必要的时候。好比每一个孩子都有自己的成长规律一般，每个母亲的断奶故事也都有所不同。但是不管怎样，如何断奶都不是重点，重要的是断奶对于孩子的健康和妈妈的健康都有好处。

一般情况下，断奶都是从宝宝出生的4~6个月开始的，也就是从宝宝吃固体食物的时候开始，然后在6~18个月内慢慢地完成。不过具体的时间，还要根据宝宝和母亲的情况而定。另外，也有很多母亲希望将孩子喂养到1周岁，甚至是2周岁。只要是根据实际情况而定的，都没有问题。

而在这里，斯波克提醒各位母亲，在断奶的过程中，有些母亲因为不忍看孩子哭闹，最后使得断奶失败。如若这样，倒不如学学切利克的做法，离开孩子几天。狠下心来，几天的时间事情也就过去了。可是，如果母亲一直犹豫不决，这样拖拖拉拉下去，对孩子和母亲的健康都没有任何好处。总之，断奶一定要坚决，不可半途而废。可以循序渐进，但不可因为一时的心软而放弃，否则会给母亲和宝宝带来伤害。

斯波克支招DIY

那么，母亲到底该如何给宝宝断奶呢？

◆ **从哺乳过渡到使用奶瓶**

很多妈妈只打算给孩子哺乳几个月，不想花费一年的时间给孩子进行母体哺乳。那么，给孩子哺乳那么长时间，到底有没有必要呢？当然，这个问题并没有一个固定而又相对正确的答案。从生理角度来说，母乳喂养是孩子必须经历的过程，可是，孩子也并不是到了某个年龄，就不需要母体的这些营养了。同样，从心理角度来说，母体喂养也不会影响到孩子某个阶段的成长。所以，在哺乳过程中，妈妈可以采用循序渐进的方法，让孩子从母体喂养慢慢地过渡到使用奶瓶。

◆ **在孩子三四个月的时候，可以改用奶瓶**

三四个月大的孩子的消化系统逐步稳定，这个时候的孩子，也已经过了肠痉挛的高发期。宝宝的体重在逐渐增加，身体也在逐渐地成长。如果你希望在某个时间，让孩子开始习惯使用奶瓶，那么比较聪明的办法就是每个星期用奶瓶给孩子喂养三次，让孩子慢慢地习惯奶瓶。如果你愿意的话，也可以给孩子每天喂一瓶。

◆ **可以取消下午的一次母乳喂养**

母亲在断奶的时候，可以尝试着取消下午的一次母体哺乳。这样宝宝下午就会感觉非常干渴，到了晚上，宝宝或许会愿意试试奶瓶。如果宝宝还是不愿意的话，母亲就要给宝宝喂奶了。虽然这样，妈妈还是要尽量减少下午的哺乳次数。尽管第一次的时候，宝宝很有可能不会接受，不过时间长了，宝宝就会慢慢地接受了。

也可以每一天把隔顿的哺乳取消，与此同时，还要减少固体食物的分量。如果有必要的话，你甚至可以把固体食物完全去掉，这样一来，就会让宝宝感觉到非常饥饿，从而愿意喝奶粉。

有时候，因为母体自身的原因，不得不中断对孩子的母乳喂养。这个时候，你就不要再用手去挤奶了，虽然说挤奶可以暂时缓解母体的不适，但是也会刺激乳房分泌更多的乳汁。为了缓解乳房的压力，可以用冰袋冷敷。这种方法可能会让你更不舒服，不过你可以请医生帮你开一些合适的药来缓解疼痛。斯波克先生认为，市场上所出售的"回奶"药根本是没有任何作用的，它们不仅价格昂贵，而且还很容易产生副作用，甚至会出现反弹的情况。另外，这些药物会增加乳房内部的压力。

斯波克育儿小语

大多数母亲都会发现，在断奶的时候，她们心中其实不愿意结束这种母子间的情感联系，所以有些母亲便会一次次推迟断奶的日期。有些时候，母亲还会从心底担忧彻底断奶会影响孩子的发育，这样一来，断奶的日期会不断地被推迟下去。所以，断奶一定要果断，不能犹豫。

爸妈私房话

健康饮食源自于宝宝从小对食物的喜爱。

——斯波克育儿语录

阅读时间：25分钟　　受益指数：★★★★

固体食物让宝宝胃口大开

宝宝对于口味的喜好是从小养成的，而且会一直维持下去。比如，宝宝的口味比较重，这也是在婴儿时期或者是在儿童时期早就已经形成的习惯。所以，在喂养宝宝固体食物的时候，一定要注意食物的口味，不要过重，也不可过轻，让孩子养成良好的饮食习惯。

故事的天空

贝斯已经8个月了，他的妈妈安吉希望可以喂养他一些固体食物。刚开始的时候非常困难，把一些碎碎的固体食物放进贝斯的嘴里，贝斯就会用他的小舌头把食物吐出来扔掉，这让安吉很是烦恼。

按理说，8个月的宝宝已经可以吃固体食物了，可是安吉却不知道该如何喂养。现在，安吉已经给贝斯断了奶，贝斯每天就喝一些配方奶粉度日。还不到一个月的时间，贝斯的体重就下降了，很是令人着急。

最后，安吉只好去请教医生。医生告诉安吉一个方法，那就是在吃饭的时候，她可以给宝宝示范吃饭的动作。宝宝的模仿

能力非常强，他看到之后会不由自主地跟着模仿，这样一来，宝宝也就会吃固体食物了。

安吉按照医生所说的那样，每顿饭开始之前，都用心地给宝宝示范吃饭的动作。就这样示范了几次之后，宝宝竟然真的跟着学了起来。现在贝斯自己可以吃一些固体食物了。上午的时候，安吉给贝斯喂一些米粉。到了下午，贝斯还能喝下半碗的蔬菜粥，这让安吉兴奋不已。原来教会孩子吃固体食物也是如此幸福的一件事情。

宋姐爱心课堂

当宝宝开始吃固体食物的时候，他就向正式独立迈出了一步。在这个过程中，你就会得到一次培养宝宝养成良好饮食习惯的机会，而且这个机会一生只能有一次。一般情况下，早期的饮食教育，孩子们会很容易接受。如今，人们力捧健康美食，孩子们自然而然也会喜欢。不过，有一点非常重要，在这个时期，孩子们很容易养成一些坏习惯，这就要求父母要格外注意。

而且，斯波克先生说，宝宝在刚开始接触固体食物的时候，很可能会对某些食物产生偏好。这个年龄段，宝宝吃母乳或者奶粉的量都会逐渐减少，父母也会担心宝宝的饮食是否均衡。最好的解决办法便是，尊重宝宝们的偏好，而且每一顿饭让宝宝尝试不同种类的健康食物。

要知道，均衡营养对于宝宝的健康成长是非常重要的，所以如果你在宝宝饮食方面有任何顾虑，应该及时请教医生，找到对宝宝有利的解决办法。

斯波克支招DIY

刚开始让宝宝吃固体食物的时候，总会遇到这样那样的困难，让父母手忙脚乱。不过只要掌握了适当的方法，事情也就不再那么难解决了。

◆ **家长要有耐心引导孩子尝试固体食物**

宝宝开始吃固体食物的时候，可能不习惯咀嚼，会把食物吐出来。这个时候，父母要耐心地给宝宝示范，怎样咀嚼食物并且将其吞下去。刚开始的时候，可以放慢速度，让宝宝多学习几次，尽快培养孩子的咀嚼习惯。

◆ **一次不要喂太多或者太快**

根据宝宝的饭量进行喂食，速度千万不能过快。喂完食物之后，应该让宝宝好好地休息一下，不要让他进行剧烈的活动，也不要立刻喂奶。

◆ 品尝各种新口味

饮食变化可以刺激宝宝的食欲。父母可以在宝宝的饮食中适当加入一些新材料，分量和种类可以循序渐进、由少到多。慢慢地增加辅食的种类，让孩子养成不挑食的好习惯。如果宝宝不喜欢某种食物，父母不要立刻放弃这种食物的喂养，可以在烹调方式上多换一些花样。除此之外，食物搭配应该注意色彩变化，以此来激起宝宝的食欲，不过口味不宜太重。

◆ 激发宝宝的独立心

宝宝6个月之后，已经有了独立心，他可能想要自己动手吃饭。父母可以鼓励孩子自己拿着汤匙进食，也可以烹制比较简单的食物，如可以用手拿的食物，以此来满足孩子的欲望，让宝宝认为吃饭是一件很有"成就感"的事，这样也可以提高宝宝的食欲。

◆ 饭前10分钟要提前预告

宝宝在玩耍的时候，如果突然被人打断，就会产生反抗和拒绝的情绪。所以即便是1岁左右的幼儿，也应该提前告知接下来他要做的事情，比如告诉他，还有10分钟就要洗手吃饭了。

◆ 给宝宝准备一套儿童餐具

宝宝在大碗食物面前会感觉到有压迫感，从而影响食欲；过于尖锐易碎的餐具也不适合宝宝使用，易发生意外。儿童餐具可以选择那些带有可爱图案、颜色鲜艳的，这样可以促进宝宝的食欲。

◆ 保持愉快的就餐心情

如果宝宝吃饭的时候，心情不好或者是还没有感觉到饿，父母就不要强迫宝宝进食。经常逼着宝宝进食，会让宝宝对吃饭这件事情产生排斥心理。父母也不要过于着急把宝宝调教成小绅士或者小淑女，给他们提出这样那样的不合理要求。这样一来会让宝宝感到沮丧，进而影响用餐情绪。

◆ 不要在孩子面前评论食物

宝宝的模仿能力非常强，他们喜欢做大人做的事，所以在吃饭的时候，父母不要在孩子面前评论食物的好坏，免得让宝宝养成偏食的习惯。

◆ 学会食物代换原则

如果宝宝不喜欢某种食物，这或许是暂时性的不喜欢。父母可以先不喂这种食物，过一段时间再让宝宝吃。在这段时间内，父母可以给宝宝喂一些成分相似的替换品。

◆ 先食用蔬菜，然后再食用水果

　　人类生来就非常喜欢水果中所特有的甜味，如果让宝宝先学会了吃水果，那么他们可能就不愿意再吃蔬菜，因为蔬菜并没有水果那样的甜味。

斯波克育儿小语

　　我们大多数人从小所养成的饮食习惯和我们理想的饮食习惯都有一定的差距，所以我们应该反思自己，及时改正和调整饮食习惯，让其变得更加合理。与此同时，我们也应该帮助自己的孩子选择最为健康的饮食方式。

爸妈私房话

成长带来的小惊喜

> 坐是婴幼儿动作发展中不可少的一个环节，也是判断婴幼儿神经发育是否健康的一个依据。
>
> ——斯波克育儿语录

阅读时间：30分钟　　受益指数：★★★★★

松开双手让宝宝独立坐起来

有些父母担心自己的孩子太过幼小，所以不敢让孩子尝试着坐起来。其实，每个宝宝都有强大的潜能，父母要相信自己的孩子，应该松开双手，让宝宝自己独自坐起来。

故事的天空

一般来说，6个月大的婴儿，基本上就可以独自坐起来了。可是，小简妮都已经8个月大了，还是不会独自坐起来。邻居们虽然表面上没有说什么，但是私下里却窃窃私语、议论纷纷，认为小简妮的身体可能出了问题。

简妮的母亲丽莎有时也会听到这些不实的传言，不过她相信自己的宝宝肯定会坐起来的。所以，丽莎每天都会花费一些时间，用手支撑小简妮的背部、腰部，让小简妮

维持短暂的坐姿。

有一天，丽莎在厨房忙碌完之后，一进卧室便看到小简妮竟然自己坐起来了，而且还维持了一段时间，这让丽莎高兴极了。而且简妮在倒下的时候，也比其他的孩子安静很多，并没有哭闹。

有研究表明，能够独自坐起来的孩子，在面对困难和挫折的时候，显得更有自信，他们相信自己可以渡过难关。那些依靠父母坐起来的孩子，就没有那么自信了。

每一对父母都会格外怜惜自己的孩子。可是，如果不能让孩子独自面对一些事情，那么久而久之，孩子就会特别依赖父母，不会独自面对困难。所有父母都希望给孩子最好的照顾，其实，最好的照顾就是父母放开自己的双手，让孩子自己去飞翔。只有这样，孩子才可以飞得更远，飞得更久。

宋姐爱心课堂

父母要放开自己的双手，让孩子自己去翱翔。丽莎为了让自己的宝宝简妮能够独自坐起来，每天都会用手支撑简妮的背部，让简妮能够自己坐上一会儿，而不是像其他父母那样，让宝宝依靠在自己的身上。这样一来，也就造就了简妮坚忍不拔的性格和自信的品质。

所以，父母应该相信孩子，给予孩子充分的自主权，让孩子自己去尝试做某些事情。斯波克认为，父母过分参与孩子的活动，会让孩子在生活中失去自信和判断力。有些父母觉得自己的经验足，可以给孩子一些忠告，可是他们似乎忘记了，父母在孩子成长过程中所扮演的角色是引导者，而不是主宰者。如果父母要求孩子按照自己的意愿来行走的话，将对孩子一生的发展带来不利的影响。父母应该让孩子自己决定，相信他们的判断力。

其实，每个孩子都向往自己飞翔，小的时候也是这样。父母松开自己的双手，相信孩子，就会激发孩子无限的潜能。从小事做起，从小时做起，让孩子自己坐起来，父母会收获意想不到的惊喜。

斯波克支招DIY

每位父母都希望自己的孩子可以变得非常优秀，可是，优秀的前提就是父母要松开自己的双手，让孩子自己学会做事。让孩子独自坐起来就是非常好的开始。坐姿的训练不是一日就能成功的，它需要长期的锻炼和积累。训练的时候，父母可以陪在宝宝身边，保证宝宝的安全，但是父母不要过多干预宝宝的动作，不要对其多加限制。

那么，父母该如何帮助自己的宝宝尽快坐起来呢？按照宝宝坐的动作的发展规律和顺序，一般可分为拉坐、扶坐、独坐。

◆ 拉坐

父母帮助婴儿从仰卧到坐起来，然后再回到仰卧。一般3~4个月时即可对婴儿进行此训练。父母握住婴儿的手腕，将其慢慢地拉起来，然后用一只手握住婴儿双手，另一手将婴儿头颈部慢慢放下。

◆ 扶坐

婴儿尚不能自己坐好，需要父母扶着婴儿上身坐成竖直，一般4~5个月时可进行此训练。父母双手扶着婴儿的腰背部，拇指在后，四指在两侧。也可以让孩子靠沙发背练习，或者在大床上用枕头垫住婴儿背部进行训练。

◆ 独坐

独坐又可分为独坐前倾和独坐自如。

（1）独坐前倾。婴儿勉强能坐起来，但是背部却无法挺直，这个时候就需要父母的帮助。这一训练可在婴儿5个月时进行。

（2）独坐自如。婴儿自己坐得很稳，能独立坐着自由玩耍，不需成人帮助。

斯波克育儿小语

虽说在孩子身边扶持是父母应该做的事情，但是不要过多干涉孩子，让孩子自己决定做什么，相信孩子具有判断的能力，也要相信孩子的做事能力。从小培养孩子独立自主的习惯，那才是对孩子最好的教育。

宝宝充满了好奇心，躯干、手臂和腿部力量不断增强，这就是可以让宝宝开始爬行的理由。

——斯波克育儿语录

阅读时间：30分钟　　受益指数：★★★★

手脚并用向着目标出发

宝宝把坐发展到身体向前倾，这就是宝宝学会爬的前奏。宝宝刚开始爬的时候，遇到挫折是不可避免的，而这个时候，妈妈只需要在一旁指引就好了。

故事的天空

确切地说，已经7个月大的小托尼现在还没学会爬，只会在床上滚来滚去，这让小托尼的妈妈很是着急。小托尼的妈妈向其他妈妈取经，并且经常带着小托尼去和那些会爬的小朋友一起玩耍，希望通过这样的方式来引起小托尼的兴趣，帮助小托尼尽快学会爬行。

在小托尼8个月大的时候，有一天，小托尼的妈妈闲来无事，心头突然冒出亲自教小托尼爬行的念头。于是，小托尼的妈妈拿来会走路的玩具狗放在小托尼的前面，并且将小托尼翻了个身，让他的背部朝上，而她自己则是站在他的后面，准备关键时刻给他助助力。小狗"嗒嗒嗒"地在前面

走,顿时吸引了小托尼的注意力。他好像很兴奋的样子,两只小手使劲往前面伸,嘴里"啊啊呀呀"地嘟囔着,想要抓住小狗,可就是够不着。接着妈妈便用手轻轻推了一下小托尼的小脚丫。小家伙很聪明,经过妈妈的提示,小手在前边探啊探,小屁股一拱一拱地往前挪动。不一会儿的工夫,小托尼就爬到小狗的面前,抓住了小狗。

小托尼在感受到爬行的乐趣之后,就开始每天不停地爬动。妈妈在一旁看到孩子爬得这样好,感到非常欣慰。

宋姐爱心课堂

小托尼的妈妈在教宝宝爬行时充满理智,做得非常好。妈妈并没有因为小托尼不会爬行,而急得乱了方寸,相反,她选择用孩子的好奇心来激发孩子的潜能,这种教育方式是极为正确的。

小宝宝爬行的姿势是各种各样的,有的先是整个身体贴在地上,然后撑着肘部往前扭动,就像匍匐前进一样;还有的喜欢用脚的撑力往前移。每个宝宝都有自己的爬行方式,所以父母不能强行让宝宝用某一种方式学习爬行,否则可能会很难进行。

爬行最重要的是学会手脚交替移动,这样宝宝在爬行的过程中就能用手和膝盖保持身体平衡。这是最有效率、速度最快的爬行方式,并且能让宝宝保持直线前进。除此之外,爬行也会激发宝宝的运动潜能,因为宝宝觉得爬得越快,就会越早拿到玩具,他就有动力发挥自己的运动潜能。

学会爬行之后,宝宝可能会喜欢翻越障碍物。妈妈可以在宝宝和玩具之间放一个圆形的靠枕,也可以自己躺在宝宝和玩具中间,体验一下宝宝从自己身上爬过去的感觉。宝宝在不同材质的地面上爬行,会有不同的爬行方式,这也是需要宝宝在爬行中思考的事情。每个宝宝都会选择最有效率的爬行方式。当宝宝爬过障碍物的时候,要及时表扬,宝宝会因为你的表扬而增强自信心。

斯波克支招DIY

许多父母觉得自己的孩子到了一定的时候,自然而然就会爬了。可是,在宝宝学会爬行之前,爸爸妈妈也要帮助孩子尝试爬行,并且在孩子爬行中注意他的安全。下面,斯波克先生给您几点建议,可以帮助宝宝尽早地学会爬行。

◆ 家长辅助法

家长辅助法即为亲子互动帮宝宝学会爬行的方法。把宝宝放在床上或柔软平坦的垫子上，爸爸妈妈一个在宝宝前面，另一个在宝宝后面。前面的人牵着宝宝的右手，后面的人就推着宝宝的左脚。如此能训练宝宝的匍匐爬行和手膝爬行能力。

◆ 玩具吸引法

有的宝宝胆子小，可能不愿意练习爬行。这时可以在宝宝前面的不远处放几个可爱的玩具，激起宝宝爬行的欲望。宝宝伸手要的时候不要给他，而是让他自己爬过去拿。这样宝宝只能自己试着爬过去，时间长了他就知道爬行可以得到很多玩具，于是慢慢地，他便会习惯爬行，进而喜欢上爬行。

◆ 球类训练法

球不同于其他玩具，当被宝宝的小手碰到的时候，球会向前滚动。一旦宝宝能将腹部离开床面，单靠手和膝盖来爬行时，就可以在他前方放一只滚动的皮球，让他朝着皮球慢慢地爬。皮球跑得快，宝宝的爬行速度也会变快，于是宝宝会越爬越熟练。

斯波克育儿小语

孩子在成长的过程中，总会经历一个由不会爬行到能自己独自爬行的阶段。这个时候，父母不能太着急，因为任何事情都需要有发展的时间。如果宝宝在爬行上的进展不是很快，父母可以帮助他们进行训练。只要有耐心，用不了多久，就可以教会宝宝爬行了。

宝宝八九个月大的时候，好奇心会越来越重，他们总是想弄出点儿声音来。

——斯波克育儿语录

⊙ 阅读时间：25分钟　　🎓 受益指数：★★★★★

第一章　奇妙的成长（0~1岁）

让宝宝自己"制造"声音

父母可以不断地给宝宝朗读歌谣，和宝宝说话。随着宝宝发音能力的提高，宝宝会在不知不觉中模仿话语中的尾音。宝宝的咿呀学语，才是教育宝宝时最有意思的事。

故事的天空

玛丽的妈妈在给玛丽洗澡的时候，都会和玛丽玩个小游戏。

妈妈拍一下澡盆里的水，让玛丽听见水"啪""啪"的声音。

然后妈妈轻轻地抓住玛丽的小手，再拍一下澡盆里的水，鼓励宝宝自己拍起水花。

这时，妈妈就会说："啪！啪！"

于是，玛丽也模仿着妈妈的声音，嘴里含糊不清地说着："啪！啪！"

此外，妈妈还给玛丽朗读儿歌，让玛丽感受语音的起伏和变化，体会言语的温馨与神奇。其中最频繁朗读

的就是儿歌《小鸭子》。

玛丽也会在一旁咿咿呀呀地模仿妈妈"说话"。

几个月过去了，有一天，小玛丽在自己玩耍的时候，突然发出"鸭鸭"的音。妈妈开始以为是宝宝的咿呀声，后来仔细一听，才发现小玛丽说的是"鸭鸭"。这让玛丽的母亲高兴极了，因为她这几个月的努力终于没有白费。

没错，和宝宝的沟通就是这样建立起来的。父母应该像玛丽的母亲一样，经常和宝宝说话，这样宝宝才可以说出完整而且清晰的话语。

宋姐爱心课堂

玛丽的母亲在玛丽很小的时候，就开始和玛丽说话。虽然那个时候，宝宝还不能完全明白话语的意思，但是宝宝的模仿能力却是不容忽视的。每天在宝宝面前重复几个简单的词语或者句子，过段时间后，宝宝也会发出同样的音节。这样的训练方式可以帮助宝宝更快提高语言能力，更好地组织语言。

宝宝2个月的时候，就能够模仿父母说过的话了，就像是要和父母交流似的。宝宝3个月的时候，虽然只能发出"咕噜咕噜"的声音，但是当宝宝听到爸爸妈妈说话的时候，就会露出微笑，用水汪汪的眼睛看着你。用孩子的语言和孩子"聊天"，咿咿呀呀的，宝宝会表现得格外兴奋。这样能激起他学习说话的兴趣，还可以帮助他尽快掌握一些基本的语音。

每个宝宝的语音都和父母的语音有很大关系。父母要多和宝宝说话，并且用宝宝的语言，让宝宝感觉这是自己的"同类"，然后再用一些正确的语音教导，这样才可以让宝宝更好地说话。斯波克认为，父母应该多多和孩子沟通交流，这是需要从小就开始的。随着宝宝的长大，语言的难度也要随之增大，这样宝宝就能更好地掌握语言。不同的阶段要让宝宝掌握不同的话语，这需要父母的共同努力。

斯波克支招DIY

孩子咿呀学语时，父母就是第一任老师。所以，父母掌握好教育孩子的方法，这才是最重要的。要想让自己的孩子说话标准流利，还需要一定的时间，并不是一蹴而就的事。父母如何教孩子说话呢？在这里，有几个方法，可以帮助父母教导孩子说话。

◆ 尽早对话

不要等宝宝会说话了再和他对话，尽可能早地和宝宝对话，用宝宝可以懂的语言，比如咿咿呀呀，并对宝宝的言语及时做出回应，满足宝宝说话的欲望。此外，随着宝宝慢慢长大，宝宝的表达方式也日趋丰富，开始发出各种各样的声音。这时候如果父母模仿一下宝宝的声音，宝宝一定很开心。

◆ 做宝宝的导师

宝宝刚刚降临到这个世界，即便是洗澡、吃饭这些最基本的事情宝宝也会觉得好奇。这时候需要父母做好宝宝的第一个导师，比如用亲切、简单的语言，跟宝宝讲解目前所发生的事情。自然、亲切的语言引导，对提高孩子的语言能力非常有效，也有利于孩子的成长。

◆ 成为朗读者

很多实践证明，坚持给孩子朗读诗歌、多给孩子讲故事，从一开始就让孩子接触优秀的汉语文化，宝宝的语言能力可以发展到让人惊喜的程度。所以，父母应给宝宝多讲故事，在故事中让孩子了解语言、了解世界。父母的正确引导是对孩子最好的帮助。

斯波克育儿小语

宝宝咿咿呀呀地学习语言时，父母应该在一旁给予指导，让孩子感觉到语言的魅力。要经常和宝宝对话，虽然他并不能理解其中的意思。细心观察宝宝在听到话语时的表情，抓住宝宝的兴奋点，多和宝宝说话，并且珍惜宝宝咿呀学语的时光。

第二章

让人喜忧参半
（1~3岁）

每一天，细心的妈妈都会发现，宝宝又长大了一点。这是宝宝对妈妈辛苦付出的最好奖励，也是上天赐给母亲最好的礼物。知道宝宝的发育规律，了解宝宝，看着宝宝的小手小脚开始挥动起来，慢慢地舞出他们的人生。

自我意识开始发展

作为父母,要在观察自己孩子的过程中获得重要启示。

——斯波克育儿语录

🕐 阅读时间:30分钟　　🎓 受益指数:★★★★★

宝宝的聪明让你想不到

父母都会好奇,小宝宝是如何了解外界事物的呢?许多科学家都认为研究这个问题的经验,主要来自于父母每天对孩子的仔细观察。通过细心观察,父母就会更了解自己的孩子,发现小宝宝的聪明才智远远超过自己的想象。

故事的天空

尤康是个非常内向的小男孩,刚来幼儿园中班的时候显得不合群,不愿意与其他的小朋友交流,上课时从不主动举手回答问题,各项活动的表现都不怎么好。他的老师心里很着急,最后,只能将他的父母叫到幼儿园,商量怎样才能让尤康变得开朗起来。从那以后,老师在上课时经常鼓励他回答问题。渐渐地,尤康开始进入状态了,虽然他学习得比较慢,但是却非常认真,学习态度非常好。

老师将这种情况反映给了尤康的爸爸妈妈,于是爸爸妈妈决定先在学

习上帮助尤康树立信心。通过观察，父母发现尤康的朗读能力很强，于是建议老师让尤康当小老师带领大家阅读。虽然尤康性格有点内向，但是内向的孩子通常在阅读方面有着惊人的潜力。细心观察的话，这一点并不难发现。

当尤康在某方面做得好时，爸爸妈妈会立刻给予表扬。尤康脸上的微笑逐渐多了起来，在学习上更加认真了。尤康的父母见到自己的孩子取得了进步，非常开心。

父母应留心孩子的一举一动，在观察中明白孩子的喜好，让孩子在活动中树立信心。不要觉得孩子一无是处，宝宝的聪明程度总是超出父母的想象。观察孩子所喜欢的东西，然后让孩子在这方面努力发展，就能使他更加出色。

宋姐爱心课堂

小尤康虽然内向，但是在阅读方面却有着极大的潜力。努力挖掘孩子潜在的能力，然后加以引导，孩子的表现会超出所有人的想象。

研究发现，孩子虽然一开始没有抽象思维能力，但是在后来的学习中，他们会逐渐学会逻辑推理和对事物发展进行假设的能力，并产生新想法，做出新举动。孩子凭借着一种与生俱来的想要认识事物的能力进行探索，他们天生就是一个"小科学家"。

随着年龄的增长，孩子越来越渴望探索外界的事物。他会用手去拨弄家具上的小零件，去摇动桌子或者任何没有被钉住的物品，爬到他所能上得去的任何家具上面。总之，他想把什么事情都弄个明白。

在斯波克看来，像全面看待其他事物一样，父母对孩子的探索行为也要从两个方面来看。一方面，这是一种有效的学习途径。在到达下一个发展阶段之前，他们想要探索周围的事物，并对自己的能力进行检验。这种探索行为代表着孩子的成长需求。另一方面，父母既要让幼儿去探索，确保他们所做的事情对他们的成长和发展均有益处，又要确保幼儿的安全，避免他们受伤。

斯波克支招DIY

在孩子探索的过程中，有些父母会发现孩子的无限潜力。可是，也有些父母觉得孩子的探索让他们疲惫，便制止孩子的行为，以致孩子的某些潜力都被他们无情地扼杀了。作为父母，要鼓励孩子去探索、去发现。

◆ 关注孩子的需要

孩子善于用自己的眼光来决定自己的需要，所以父母不应该按照自己的喜好来要求孩子。父母的安排都应该是让孩子感到新鲜与好奇的，要从孩子的角度出发，在日常生活中发现孩子的兴趣，安排让孩子感兴趣的活动，从而激发孩子的潜能。

◆ 多和孩子沟通

有时候孩子不懂得表达，父母就按照自己的想法来给孩子安排活动，直接将孩子的想法忽视掉，这种做法显然是不对的。孩子不会表达，可以通过观察孩子的眼神来确定他的想法。每个孩子在听到自己感兴趣的话语的时候，眼神都会变得异常兴奋。懂得和孩子沟通，是父母的必修课。

斯波克育儿小语

每个孩子在降临到这个世界上的时候，都会被上帝赋予无限的潜能。潜能的发现，是一个令人震惊的过程。所以父母要努力发现小宝宝的潜能，不要让他宝贵的潜能被浪费掉。

其实，宝宝2周岁时并没有那么讨厌，反而非常惹人喜爱。

——斯波克育儿语录

阅读时间：30分钟　　受益指数：★★★★

让人欢喜让人忧的2周岁

有人认为幼儿2岁的时期是"讨厌的2周岁"。其实，在这个时期，宝宝的自我意识逐渐形成，开始学习成为一个独立的人，宝宝的语言表达能力也快速提高。总之，在这个时期宝宝的进步是非常大的。如果你掌控好的话，宝宝的表现将带给你出乎意料的惊喜。

故事的天空

小艾拉2岁了，爸爸妈妈邀请了几个邻居带着他们的小宝贝一起，来给小艾拉庆祝生日。当天，小艾拉收到了各种各样的礼物和玩具，艾拉的爸爸还给她定做了一个大大的水果蛋糕。切蛋糕的时候，小艾拉的妈妈让她给邻居家的几个小宝贝去送蛋糕。谁知小艾拉直接拿起自己的蛋糕回了房间。小艾拉认为，妈妈忽略了自己却关注别人家的小孩，而小艾拉的父母则觉得她的行为很无礼。

生日宴会结束后，小艾拉的父母把她叫出来，给她讲解其中的道理，并且让她亲自给其他小宝宝上门送蛋糕，而且还要亲口向人家道歉。艾拉的妈妈说："人家

来我们家里做客，我们作为主人应该要好好招待他们，而你却丢下客人独自走了，这是很不礼貌的行为。"小艾拉却说："可是妈妈，他们一来你好像都不爱我了，也不关心我。"艾拉的妈妈一听，明白了原因，笑着说："傻宝贝，你是妈妈唯一的宝贝，妈妈不爱你爱谁呀？"

最后，小艾拉听从了父母的话，拿着蛋糕给隔壁家的小宝贝送去了。回来的时候，小艾拉的脸上挂满了笑容，手里还拿着几颗糖果。她刚进门就说道："妈妈，这是隔壁阿姨给的糖果，她还夸我懂事呢！"艾拉的妈妈摸摸艾拉的头说："是啊，那些聪明有礼貌的小宝贝，每一个人都会喜欢的。"

不过，除了这件事情之外，小艾拉在2岁的时候，并不像其他时期那么好管教、那么听话。2岁的小艾拉要比其他年龄段的宝宝更让人头疼，经常弄得家里"鸡犬不宁"。此时的她已经有了一点独立意识，父母再也不能按照自己的意愿打扮小艾拉了。因为父母买来的衣服，如果小艾拉不喜欢的话，她怎么都不肯穿，所以，带着艾拉去买衣服的时候，父母只是跟在后面保护她的安全，艾拉则是自己在前面挑选喜欢的衣物。

艾拉的父母有些疑惑，难道2岁的孩子都会这样吗？还是只有自己家的小宝贝这样呢？

宋姐爱心课堂

2周岁的孩子有许多矛盾的特点：既有依赖性，又有独立性；既可爱，又可恶；既大方，又自私。他们还经常处于两个世界中：依赖父母的过去世界和充满未知的未来世界。但是，这个阶段并不是一个令人讨厌的阶段，而是一个令人惊异的阶段。虽然小艾拉的一些行为是大人理解不了的，但也是因为2岁的年龄特点，让性情多变的小艾拉显得非常可爱。

2岁的宝宝依赖心理依旧很强，他们非常明白谁能带来安全感。所以，无论家里有怎样的变动，都要把孩子放在第一位，这才是明智之举。2岁的孩子一般不与其他孩子玩耍，他们在大多数情况下都喜欢自己玩自己的玩具，不愿意将玩具分享给别人，因为这个时候的宝宝已经有了占有欲。

孩子从2岁开始，直到3岁，往往都非常任性。这种表现仿佛是一种天性，促使孩子自己作决定，不允许他人干涉。但他们认识世界的能力毕竟有限，需要父母指引。各种情况结合起来，使得这一时期的孩子往往不容易友好相处。

斯波克支招DIY

父母都希望自己的孩子可以快乐地长大。可是，面对孩子的无理取闹，父母也会烦躁不安，严重时免不了对孩子痛斥一番。这样一来，也就失去了和孩子沟通的最好机会。那么该如何与2岁的宝宝友好相处呢？斯波克先生可以给你一些建议。

◆ **身教重于言教**

父母首先要注重自身的修养，树立自己的威信，也给孩子树立榜样，让孩子以自己为骄傲。以身作则、言传身教地教导孩子，这样才能让孩子健康成长。

◆ **营造一种良好的氛围**

孩子的学习要有一个好的环境，不求高档，但求氛围。孩子在学习的时候要避免不必要的家庭闲谈、朋友聚会等。尽量包容孩子的缺点，不要用放大镜看孩子。要知道世界上没有完美的孩子，再优秀的孩子也有自己的缺点。父母应该无条件相信自己的孩子，这是和孩子沟通的重要前提。不要随便批评孩子，打击孩子的自信心。

◆ **注重亲子教育**

孩子非常在乎父母是否全身心关注他们的成长。有的父母虽然与孩子常年在一起，但不经常沟通。大多数父母都是以忙为理由，忽视亲子教育。父母的亲子教育应走在孩子生理和心理发展的前面，所以父母应全身心地投入到孩子的教育当中，不断学习，提升教子能力。

斯波克育儿小语

虽然2岁的孩子让人喜忧参半，但是只要用心，你就会了解这个阶段的他们有多么可爱。在教育2岁孩子的时候，父母应该尽可能地压制自己的情绪，不要对孩子大吼大叫，让孩子慢慢地明白道理，认识到自己的错误，这才是教育孩子最正确的方法。

幼儿时期是一个人个性、品德形成的重要时期，错过这个关键时期，许多良好的品性就很难形成。

——斯波克育儿语录

阅读时间：25分钟　　受益指数：★★★★

潜移默化影响宝宝的道德意识

优秀的品格，只有从孩子很小的时候开始培养，才有希望养成。"正确、合理和适合标准地教育儿童，比做再教育工作容易得多。"苏联教育家马卡连柯如是说。因此，对幼儿进行道德教育越早越好，这是家庭教育中一项重要的内容。

故事的天空

安伯的父母从安伯很小的时候就用良好的品德来培养他。所以，安伯从小就知道与人为善，懂得尊老爱幼，遇到有需要帮助的人，要及时伸出自己的双手。

有一天，小安伯和妈妈正坐在公交车上，这时，上来一位满头白发的老人。妈妈曾经教育小安伯要尊老爱幼，乘坐公共交通工具时，要将自己的座位让给老人。所以，妈妈只是在一旁看着，看看小安伯是否会将自己告诉他的道理应用到实际中。安伯也想到了妈妈教育自己的话语，就主动起身将座位让给了那位老人。虽然最后妈妈把座位让给了

那位老人，但这一举动，还是让在场的很多年轻人都自愧不如。

对孩子的品德教育，就如同空气一样重要。随着孩子年龄的增长，越来越多的父母觉得教育孩子有些力不从心。这是因为他们不知道，孩子的教育应从小就开始。父母是孩子的启蒙老师，也是最重要的老师。所以，家长要从孩子小时候起就培养他的道德意识，让他及早知道应该做什么，也乐于去完成。

宋姐爱心课堂

安伯自小受到良好的道德教育，所以大一点之后，才会变得如此优秀。假使安伯的父母没有这样教育他，那么在遇到老人的时候，安伯便不会想到给老人让座，而是像部分年轻人一样，视而不见，惹人厌烦。

培养宝宝的道德意识，父母的教育起到关键性的作用。

有培养宝宝道德意识责任的人，毫无疑问是父母。而我们所说的培养，也绝对不是父母用手指着宝宝的脑袋，数落宝宝做错了什么事情，更不是宝宝在撒谎之后的大打出手。其实，培养宝宝的道德意识最为有效的办法就是父母给孩子做个好榜样。

比如，有些父母当面可能会夸别人家的小孩聪明伶俐，而回到家之后，却对自己的丈夫（妻子）说，他家的小孩简直就是一个傻瓜。由此一来，你还怎么奢望自己的宝宝是一个有着高尚道德意识的人呢？所以，这就要求父母一定要言行一致、以身作则，不能给宝宝树立坏的形象和榜样，否则会对宝宝的成长带来不利的影响。

再者，培养宝宝的道德意识是一个循序渐进的过程，不能急于求成，以免引起宝宝的抵抗情绪。斯波克先生经过多年的研究发现，当宝宝真正能够通过公正、公平的方法实现目的的时候，或者是得到了自己应得的肯定后，他们才会更容易建立起正确的价值体系。

斯波克支招DIY

现实生活中，家长应运用正确的教育方法，鼓励和支持孩子参加各种有益的活动，让孩子树立自信心。正确教导孩子，才会使孩子的品德素质逐渐完善。父母的鼓励和支持，是对孩子最有力的帮助。

◆ 用艺术形象讲述道理

儿童的思维难以掌握，利用孩子最喜爱的艺术形象来教育孩子，作用是非常明显的。

◆ 掌握教育的良好时机

孩子的教育也有时机问题。当孩子获得成功时，家长在鼓励之后，可以提出更高一层的要求；当孩子受到挫折时，家长要帮助孩子找回勇气。对孩子的兴趣，家长应加以引导，让孩子的兴趣变成良好的行为习惯；孩子生气发怒时，家长应该等孩子平静后再进行教育。

◆ 暗示法

教育专家研究发现："任何教育，孩子越少感觉到教育者的意图，教育效果就越大。"暗示教育法可以避免受教育者产生逆反心理，促使孩子主动、积极地成长。孩子不愿一直处在受教育、受管制的地位，而暗示法会使孩子感到平等、受到尊重，让孩子放松，所以更容易被孩子接受。

◆ 积极诱导法

教育孩子的方法不太容易找到，需要开动脑筋，采用能激发孩子主动性的一种。当孩子犯错误的时候，不要发火，要找到一种正确的方法来引导孩子，让孩子明白自己的错误，改正自己的不足。根据孩子的表现，引导孩子明辨是非，形成良好的品德。

斯波克育儿小语

道德教育只有自小开始，才会有好的效果。道德教育也要潜移默化地从身边小事做起，让孩子在日常生活中明白道理。父母应该加以指引，使孩子明白道德的重要性，让他们愿意做有道德的人。面对孩子犯的错误，切勿发火，只要让他们改正就行。

让宝宝清楚地认识"你""我"！

——斯波克育儿语录

阅读时间：30分钟　　受益指数：★★★★

宝宝说出"我"很重要

每个孩子在3岁前后会经历"你""我"不分的阶段。当然，这里的"你"与"我"并不是指真实的人物，而是指称谓上的"你""我"。父母要做的就是教会孩子使用人称代词，而不是一直让宝宝使用自己的小名。

故事的天空

小杰克已经3岁了，可是，他还不会用"你""我"这样的称呼。爸爸妈妈平常会用"小宝贝"来称呼小杰克，所以导致小杰克对称呼一直用不好。为了教会小杰克使用"你""我"，爸爸妈妈决定在日常生活中训练小杰克。

有一天，妈妈想让小杰克自己去邀请邻居家的小朋友来家里玩，所以说："杰克，你去隔壁的邻居家，邀请小朋友来家里玩吧。"

"可是妈妈，就小杰克自己去吗？"小杰克问道。

"对，就你自己去，我还有事情，所以不能陪你去了。"妈妈回答说，"小朋友开门后，你就说'我想邀请你去我家里玩'，这样就行了。"

小杰克在邻居家的门口踌

踌了好久，才决定敲门。开门的是邻居家的小朋友。

小杰克说："我想邀请你去我家里玩。"邻居家的小朋友开心地答应了。

做游戏时，小杰克非常喜欢自己的玩具，并且不想给邻居家的小朋友玩。妈妈教育小杰克说："懂得分享的孩子才是好孩子，去把玩具给小朋友玩。"

"可是妈妈，我要怎么说呢？"

"把我的玩具给你玩。"妈妈回答说。

晚上，小杰克送走了小朋友。妈妈问道："小杰克，知道妈妈为什么让你自己去邀请邻居家的小朋友吗？还有，今天教你说的话，你明白是什么意思吗？"小杰克摇头。

"那是因为你现在还不会使用'你''我'这样的字眼。"妈妈继续说道，"'我'是用来指自己的，而'你'是用来代指对方的，懂了吗？"

"嗯，明白了，以后小杰克……嗯，我会努力运用的。"小杰克自信地说。

宋姐爱心课堂

妈妈通过让小杰克邀请小朋友来家里玩，让他学会"你""我"的使用方法。其实，父母对子女的教育就是在日常生活中进行的。

研究发现，在孩子的成长过程中，他们对自己的认识不是先天就具有的，而是后天逐渐形成的。孩子认识自己，把自己与别人区分开，需要一个过程。从1岁开始，孩子能够辨别自己产生的动作和别人产生的动作的不同。孩子会用"我"这个称呼，表示他对自己的特点有了新的认识。所以，孩子会说"我"，是他们自我意识的重大发展。

有研究发现，通过照镜子，让婴儿认识镜像，这种方法在婴儿认识自我的过程中最有效，所以应和宝宝多做照镜子的游戏。一段时间后，可以让婴儿一边照镜子一边说话，这样他就能在游戏中加深对语言的理解。斯波克提醒广大父母注意，孩子2岁以后，尽量少用昵称称呼孩子，应该用人称代词取而代之。

斯波克支招DIY

想要更好地教育孩子，就要和孩子建立良好的关系。父母在教孩子的过程中，一定要有耐心，针对孩子的不同情况进行具体分析。只有这样，才能够摸索出一套最适合孩子的教育方法。

◆ **和谐的亲子关系**

在与孩子的接触中，父母要多多关爱自己的孩子，并且让孩子感受到你的爱。只有亲子关系好了，父母才能在日常生活中更好地教育孩子，潜移默化地影响孩子。和谐的亲子关系是成功教育的基础。

◆ **父母以身作则**

当宝宝2岁的时候，父母就要注意自己的言辞，在孩子面前，尽量使用人称代词。久而久之，孩子也会受到影响，从而学会使用人称代词。父母对孩子的影响是不可估量的，所以，父母以身作则是对孩子进行教育的前提。

◆ **让孩子自己实践**

在日常生活中教育孩子，使孩子明白了"你""我"的意思，但还需要让孩子自己去实践。让孩子独自去邀请小朋友来家里玩，就是非常好的办法。懂得在实践中检验孩子是否将知识掌握自如，也是非常重要的。

斯波克育儿小语

孩子运用"你""我"这样的称呼的能力是和父母有关系的，只有父母在孩子小的时候教导好，孩子的自我意识才能完全被唤醒，孩子的潜力才会随之发挥出来。

宝宝的认知与语言能力

数数是每个宝宝都要学习的一个本领。

——斯波克育儿语录

阅读时间：30分钟　　受益指数：★★★★★

让数数变得轻松而自然

有的宝宝能正确地数数，并认识相应的数字，但有的宝宝却无法正确地说出自己心中想的数，会有"言行不一"的情况出现。而这个时候，父母千万不要过于着急，只要多加引导，就能让宝宝明白"数"的含义。

故事的天空

贝瑞学会走路之后，妈妈就天天带着他出去散步、游玩。在上下楼梯的时候，妈妈总会故意缓慢而高声地数数，每走一步就数一下。不管贝瑞在听或者是在玩，也不管他是否明白，她都会这么做。时间一久，贝瑞妈妈惊喜地发现，偶尔在她数数的时候，贝瑞能顺着她的数字往下数，而且一个数字都没有数错，还非常流畅。这说明，贝瑞已经学会了数数。

在这个基础上，妈妈又开始教贝瑞计算。贝瑞有很多玩具，妈妈把它

们放到一起，然后让贝瑞一个一个地拿，每拿一个都要数一下。同时妈妈还会问贝瑞，先拿的玩具和后来拿的合起来一共是多少？每拿一回就会有一个类似的提问。没过多久，贝瑞在玩耍的过程中就建立了"数"的概念，而且理解得非常到位。

贝瑞的妈妈教贝瑞数数，使用的方法虽然不是最快的，但却是最有效的。让孩子在日常生活中学习到知识，这样他才能印象深刻。

宋姐爱心课堂

贝瑞学习数数，并没有像其他孩子那样死记硬背，而是在日常的游戏中，就将数数学会了。所以，他学习到的知识并不容易忘记。

宝宝2岁以后，掌握的词汇量开始增多。父母要及时抓住知识的第一敏感期对宝宝进行教育，这样往往能够取得事半功倍的效果。此外，宝宝的理解能力是有限的，所以在教育宝宝的时候，不要想着一步到位，要有耐心，一遍遍地重复教育。这样，宝宝才能够真正了解数字，更好地学习数字。

等宝宝完全理解数字的意义之后，宝宝就可以开始学习数数了。数数对宝宝来说，是很困难的。虽然很多宝宝都会熟练地背诵100以内的数字，但大多都是死记硬背，并不能记忆太长时间。所以，父母要帮助宝宝掌握数字的含义，才能让宝宝的印象深刻。

与其让孩子死记硬背，不如教孩子在日常生活中学数数。这样的教育方式对孩子来说是最好的，孩子的记忆也将非常深刻。

斯波克支招DIY

小宝宝学习数数是非常有意思的事。那么，作为父母，该如何教自己的孩子学习数数呢？斯波克可以给你一些建议。

◆ **建立"数"的概念**

父母首先要做的就是让孩子在脑海中建立"数"的概念。这种做法虽然不能教会孩子怎么数数，但是可以在孩子学习数数的过程中，起到打基础的作用。"数"的概念一旦建立，孩子学习数数就会非常顺利。

◆ **制作卡片**

小孩子对卡片的热衷程度不亚于玩具。所以，父母可以通过制作卡片来教孩子数数。久而久之，小宝宝就能学会数数了。但是不要操之过急，要懂得循序渐进，不可盲目追求速度。

◆ 和孩子一起数楼梯

和孩子一起走楼梯时，父母可以边走边数数，不要觉得麻烦。每天重复几次，小宝宝也会和你一起数。虽然小宝宝刚学习时可能很慢，会让父母焦躁，但是父母要耐心地教导孩子，珍惜和孩子一起学习的时光。

斯波克育儿小语

父母最好在教孩子数数之前，先在生活中通过游戏和实物，帮孩子建立"数"的概念，让孩子有兴趣去数数，而不是让孩子死记硬背。孩子在幼儿时期是非常聪明的，只要他明白了数字的概念，那么数数也就不是什么困难的事情了。

爸妈私房话

口吃是宝宝语言发展过程中出现的一个语言与思维脱节的现象。

——斯波克育儿语录

阅读时间：30分钟　　受益指数：★★★★

宝宝说话突然"口吃"了

一般宝宝在2岁左右时容易出现"口吃"的现象。如果你的宝宝说话时突然出现语句中断或重复的现象，这就是所谓的"口吃"。面对这种现象，父母不要太担心，这是宝宝成长过程中的一种正常现象。随着宝宝的成长，再加上父母的正确引导，宝宝的"口吃"现象就会逐渐消失了。

故事的天空

安尔2岁了，他那张嘴巴可谓是无所不能，也正是因为这张巧嘴，赢得了很多人的喜爱。有时候，安尔表达不出自己的想法，就会食指点着头，眼睛不停地转，在大脑中搜索词汇。不一会儿的工夫，他就能把自己的想法准确表达出来。

一天中午，安尔在客厅看电视。妈妈在厨房做饭，突然听到安尔大声喊："妈妈，妈妈……"妈妈听到安尔的喊声后，赶紧从厨房跑出来，问道："安尔，怎么了？"安尔一副很着急的样子，但是又有点兴奋，

第二章　让人喜忧参半（1~3岁）

他说:"我……我……告诉……你……一个事……"妈妈惊讶地瞪大了眼睛,平常说话很顺溜的安尔,今天这是怎么啦?

妈妈解掉围裙,坐在沙发上,然后对安尔说:"别着急,慢慢来,告诉妈妈到底发生了什么事。"安尔又开始说了,口吃程度虽然没有刚才那么严重,但说话还是没有平常顺溜。妈妈说:"不急,妈妈先去做饭,你先自己玩会儿,吃饭的时候再把你想要说的告诉妈妈,好吗?"安尔点了点头。

宋姐爱心课堂

一般宝宝在两三岁的时候,大脑中的词汇还很少。尽管他们说话很流畅,很多时候能清楚地表达他们的意思,但他们的语言能力还处在迅速发展时期,有时候并不能将想说的话很完整地表达出来。因为他们大脑中的词汇表还没有收集到与其想法相匹配的词汇。

另外,在语言不断发展的过程中,他们表达自己的想法时,总是希望能搜索到更好的语言。但通常情况下,宝宝的语言储备总是追不上他们思想的发展速度。所以孩子的语言和思维常常会脱节,于是就会像安尔一样出现"口吃"的现象。当然,宝宝非常兴奋,又很着急表达自己的一些想法时,也会出现"口吃"现象。其实,在这个年龄段的宝宝身上出现的"口吃"现象并不是真正的口吃。随着宝宝的成长,其掌握的词汇量足以表达他的想法和思维时,"口吃"的现象便逐渐消失了。

所以,斯波克建议,宝宝出现这种现象时,妈妈不要着急,因为你的着急会给宝宝带来更大的压力,让宝宝"口吃"的现象更加严重。应该给宝宝时间,告诉宝宝慢慢来,耐心地等待宝宝表达自己的想法,千万不能指责或者催促宝宝。

斯波克支招DIY

其实,口吃就是一种心理恐惧症。真正的口吃并不是器官的功能性疾病,而是一种心理疾病。孩子的"口吃"现象是在语言发展过程中,他们的语言与思维的合理脱节。因此家长不用过分紧张,只需做到以下几点。

◆ 不训斥宝宝

妈妈们发现宝宝突然出现"口吃"现象时,千万不能讥笑、斥责宝宝,更不能进行打骂或是惩罚。如果这样,反而会使宝宝"口吃"的现象更严重,而且给宝宝的心理造成一定的阴影。同时，还会使这种情况成为宝宝语言发展过程中的障碍，导致宝宝以后不敢表达自己的想法，或者不愿意说话的严重后果。

◆ 鼓励宝宝慢慢说

面对宝宝"口吃"的情况，妈妈们一定要有足够的耐心，鼓励宝宝慢慢地表达出自己想要说的，或者妈妈们可以帮宝宝把他想说的话说出来，以缓解宝宝的表达压力。也就是说，在有些情况下，妈妈们可以说出宝宝的意思，也可以对这句话重复，这样既能表示对宝宝的理解，又可以教宝宝如何正确表达。

◆ 不要给宝宝过高的要求

在宝宝出现"口吃"现象的特殊时期，妈妈们不要给宝宝设定太高的要求，应该为宝宝提供一个相对宽松的语言环境。比如，与宝宝一起朗诵童谣，或者教宝宝一些健康向上的顺口溜。宝宝一时说不上来时，妈妈要给宝宝一个微笑、一个安慰或是一个提醒，从而帮助宝宝顺利度过这个特殊的敏感期。

斯波克育儿小语 ♡

面对宝宝的"口吃"现象，父母一定要摆正心态，不急不躁，要有"只知耕耘，不问收获"的精神。过段时间，你就会发现，宝宝的这种"口吃"现象早已经消失得无影无踪了。

专心才能完成一件事情。

——斯波克育儿语录

阅读时间：25分钟　　受益指数：★★★★★

左顾右盼的宝宝请"专心"

很多宝宝活泼好动，注意力不能集中，做任何事情都是半途而废，对事物也很难进行深入的思考，这不利于宝宝的学习和成长。父母要细心观察宝宝的一举一动，找出宝宝不专心的根源，并且帮助宝宝改正。

故事的天空

小赛瑞已经3岁了，可以说是一个好奇的宝宝，每天不是碰一下这个东西，就是推一下那个东西，父母让他看一分钟的漫画，他都无法安静下来。这让赛瑞的父母很是头疼，对于赛瑞的"活泼"，真的不知道该如何是好。

后来，赛瑞的父母只能去请教医生。医生说3岁的孩子专注力非常差，一点外界的声音都可能会扰乱他的注意力。所以，医生建议父母每天陪小赛瑞看一部动画片，每次大概15分钟，看完之后，还要让小赛瑞复述一下动画片的内容。在每天上床之前，小赛瑞还要给妈妈讲解一下当天的生活流程，说说都做了哪些有趣的事。此外，父母要每天陪赛瑞玩1个小时的游戏，不要间隔，更不要断断续续。

赛瑞的父母听从了医生的建议，每天都严格按照医生的嘱咐去培养赛瑞的专注力。时间长了，小赛瑞的"多动症"确实有所好转。后来，赛瑞的妈妈还加大了难度，那就是每天让他把自己认为最有趣的事情画下来，然后给父母讲述画里面的故事。这样，在父母的精心培养下，赛瑞的注意力好多了。你看，其他小朋友还在一起打打闹闹，而小赛瑞已经自己看了1个小时的动画片了。

宋姐爱心课堂

小赛瑞从注意力无法集中，到后来能专心地做某一件事情，这和父母的帮助有很大关系。

研究发现，影响宝宝注意力的因素主要有：生理因素、饮食因素和环境因素。由于宝宝大脑发育尚不完善，自制能力比较差，所以需要父母耐心教育。而在教育孩子的过程中，父母应该注意自己的态度，不要让宝宝感到父母的不良情绪，否则只会让宝宝感到无所适从。除此之外，在教育宝宝上，父母的态度应该保持一致。

其实，在孩子成长的过程中，最为重要的是父母对孩子的教育。随着孩子年龄的增长，知识的储备量越来越多，父母就要根据孩子的年龄来制订具体的教育计划。父母要学会细心观察，让宝宝把自己的精力投入他所感兴趣的事情。这样一来，宝宝就能够逐渐提升自己的专注力了。

斯波克支招DIY

帮助宝宝集中注意力，父母要做的事情有很多。其中对孩子的教育态度是最为重要的。那么该如何提高宝宝的注意力呢？

◆ 父母的态度要一致

在教育孩子的问题上，父母的意见首先要一致。如果父母意见相左的话，会给孩子带来很大的疑惑，不知道该按照谁的说法去做。父母的态度一致，孩子就知道该往哪儿走，也知道该怎么走了。

◆ 良好的环境

父母都想给孩子一个好的学习环境。好的环境会让孩子更加专心，不会因为外界因素分心。在孩子学习的时候，父母不要大声说话，让孩子能安静地学习。

◆ 让孩子有一个固定的习惯

让孩子有一个固定的习惯，比如绘画、写日记等。研究表明，在做这些非常习惯的事情时，孩子的专注力比任何时候都要高。所以，当孩子有一件愿意保持专注的事情可做时，父母万不要去打扰孩子，要让孩子在专注中学习。这是一个不错的培养专注力的方法。

斯波克育儿小语

每个宝宝都有自己专注的事情，父母要做的就是在一旁帮助孩子，而不是去打扰他。专注的孩子才能更加专心地做事，才能发展得更好。

爸妈私房话

阅读使宝宝优秀。

——斯波克育儿语录

⏱ 阅读时间：<u>30</u>分钟　　🎓 受益指数：★★★★★

第二章　让人喜悦参半（1~3岁）

让宝宝在阅读中找到乐趣

让宝宝进行早期阅读是发展他语言能力最关键、最有效的方法。父母要注重对宝宝幼儿时期阅读能力的培养，在幼儿时期，让宝宝多多阅读，有利于宝宝智力的发展。所以，一定要重视宝宝的早期阅读。

故事的天空

盖瑞在3岁的时候，被检查出有一点自闭的倾向。他不愿意和别人交流，每天都沉浸在自己的世界里，甚至连爸爸妈妈和他说话，他也不理。

有一天，正在收拾屋子的妈妈发现小盖瑞正在专心致志地看书。这对盖瑞妈妈来说，无疑是一个巨大的惊喜。虽然盖瑞不喜欢与人交流，可是，他可以在阅读的时候学到很多知识。于是，妈妈给小盖瑞买了各种各样的图书。后来，妈妈会将自己写的一些小纸条夹在盖瑞阅读的书中，并发现小盖瑞也会"回信"。这让盖瑞的妈妈非常开心。

虽然小盖瑞有一点自闭的倾向，但是，他的读书量是同龄孩子的好几倍。后来入学之后，盖

071

瑞明显有很大的优势，于是盖瑞的父母请求班主任让盖瑞担任班里的语文课代表，每天领着全班同学进行阅读。时间久了，盖瑞变得愿意和老师、学生交流了，这是盖瑞父母最想看到的结果。

小盖瑞通过阅读书籍，了解了这个变化万千的世界。书籍的内容广泛，所以他的兴趣也非常多。渐渐地，小盖瑞喜欢和别人讲述书中的内容，进而习惯了与人交流，改掉了自闭的毛病。

由此看来，培养孩子早期阅读的兴趣，可以让孩子的智力发展更完善，有利于他人生未来的发展。

宋姐爱心课堂

小盖瑞的妈妈在发现小盖瑞有阅读兴趣的时候，赶紧培养他的阅读能力，让他通过书籍了解这个世界，这种做法是非常正确的。父母都希望孩子成为优秀的人，那么就要在孩子很小的时候，注重培养孩子的阅读兴趣。一个人只有腹中有诗书，才能谈吐自如。

很多父母认为，孩子在小的时候，就应该尽情地玩耍，父母过度干涉，会让孩子的童年失去欢乐。这种想法虽然不错，但是孩子的早期培养，父母也不应该错过。

斯波克先生认为，对孩子的早期培养在孩子的一生中有着至关重要的作用，这是孩子长大后再也无法进行的教育，也是再也无法挽回的教育。所以在让孩子尽情享受童年的同时，也不可忽略对孩子的早期教育。

不是在现实生活中，有些父母太过注重对孩子的全面培养。孩子只有两三岁，父母就已经帮他报了各种补习班、兴趣班。与其说对孩子好，不如说是为了满足父母的一种虚荣心。看到别人家的孩子参加兴趣班，本着不能让孩子输在起跑线上的念头，很多父母也给孩子报了各种培训班。可是，这样长大的孩子真的快乐吗？父母是需要深思的。

每位父母都希望孩子能够成才，既然是为孩子好，父母就要根据孩子的实际情况，为孩子制订计划。

斯波克支招DIY

父母都希望孩子可以多多地阅读，因为书中的知识是父母无法告知的。所以，父母应该根据孩子的需求，给孩子买一些适合他们阅读的书籍，满足孩子的阅读兴趣。父母要懂得如何才能让孩子心甘情愿地读书。

◆ **良好的阅读环境**

要宝宝爱读书，父母首先要给宝宝一个良好的阅读环境，尽量在家中营造阅读的气氛。父母首先要以身作则，自己热爱阅读才能感染宝宝。孩子第一次阅读的时候，父母不要打断孩子，并且不管他是否喜欢阅读，都要鼓励他去翻阅书籍。当孩子已经有阅读念头的时候，要将孩子手里的书换成图文并茂的小儿书，父母也可以和宝宝一起阅读，给孩子做个榜样。久而久之，孩子的阅读兴趣就会建立起来。

◆ **轻松阅读**

父母应该与孩子一起读书，并且在遇到某些情节的时候，可以做出相应的动作和表情。这样，在父母的陪伴下，孩子就会觉得阅读是一件非常有意思的事情。父母也可以经常带孩子去书店，让孩子自己去选择喜欢的书。孩子的早期阅读，主要目的并不是让孩子学到知识，而是为了培养孩子的阅读兴趣。

◆ **耐心培养阅读兴趣**

研究表明，孩子们有一个共同的心理特点：对于自己喜欢和熟悉的东西都会特别重视。所以，当孩子想再听一遍讲过的故事的时候，父母不要失去耐心，要一遍遍地讲给孩子听。再次讲同一个故事的时候，父母可以一边讲故事，一边向孩子问问题。随着故事重复出现，孩子也会在故事中学习到不同的知识。

斯波克育儿小语

父母在为孩子选择书籍时，一定要选择图文并茂、故事情节简单的书籍。此外，父母还要掌握好孩子阅读的时间，仔细观察孩子注意力最集中的阶段，让孩子在这个时间段里阅读。父母还可以选择孩子感兴趣的故事加以讲解和提问，以此来培养孩子的阅读兴趣。

让孩子独立，而不是依赖。

——斯波克育儿语录

阅读时间：25分钟　　受益指数：★★★★★

让宝宝学着独立

独立性是孩子成长路途上最为关键的素质，每个宝宝都应该学会独立。独立性是宝宝自我发展和终身发展最关键的因素之一，所以，父母要从宝宝很小的时候就培养宝宝的独立意识，让宝宝自小养成独立的习惯。这样，他们才会有更好的自我发展空间。

故事的天空

安妮是一个非常依赖父母的孩子，做任何事情都需要父母的陪伴。看着其他孩子都可以独自完成一些事情，小安妮的父母很是着急，决定要培养小安妮的独立性。

安妮每天都要喝牛奶，以前都是送奶员直接将牛奶送到家里，后来父母为了培养安妮的独立性，便让安妮自己去外面买牛奶。刚开始的时候，安妮是一百个不情愿，后来一看真的赖不掉，又央求爸爸妈妈陪她一起去。爸爸妈妈自然是不答应的，而安妮为了喝到牛奶，只能只身前往。就这样，安妮每天早上起床后，就去楼下的超市买鲜奶。时间长了，安妮就养成了习

惯，不用妈妈催促，也会准时去买牛奶。

不过，就算是这样，安妮还没有完全养成独立性。于是，安妮的父母又对她进行了一些特殊的训练。比如，安妮的外婆家和安妮家有两站地的距离，妈妈带着安妮回去的时候，会让安妮拿着零钱去买票。到站的时候要让安妮提醒妈妈该下车了。如果坐过站，那么母女俩只能徒步走回来。

安妮渐渐懂得了凡事要依赖自己的道理，也就慢慢地减轻了对父母的依赖。后来，安妮所在的幼儿园举行了一场野游，其他小朋友都带着父母，可是安妮却没有让自己的父母一同前去。在最后的表扬会上，老师还特别表扬了安妮的独立性和自主动手能力，小安妮别提有多高兴了。

宋姐爱心课堂

小安妮从依赖父母到能独立完成各种事情，这和父母的教育是分不开的。孩子只有独立了，才可以去完成自己的事，才能够变得更加优秀。

幼儿时期，父母可能会教孩子识字、说话，但往往忽视了一点，那就是宝宝独立性的培养。有些父母觉得宝宝的独立意识会随着年龄的增长逐步加深，根本无须刻意培养，这是极为错误的。对宝宝来说，幼儿时期独立性的培养才是最重要的。

幼儿时期的宝宝已经有了一些生活经验，所以他们事事都很想尝试自己去做，感受自己动作的力量和效果。这个时候，父母不要过度保护孩子，要放手让孩子去做。当孩子的独立性逐渐养成时，父母一定要予以鼓励，同时也要教给他正确的做法。如果孩子自己做事时没做好，父母不要责备，在一旁告诉孩子正确的做法，并予以鼓励。让孩子拥有独立的信心，才能帮助孩子更好地独立。此外，父母的耐心也是非常重要的，只有耐心地去指导宝宝怎样做，才能培养宝宝的独立性。

在日常生活中，那些宝宝力所能及的事，就让他自己去完成，大人不要干预。在现实生活中，培养孩子独立的习惯，让孩子自己穿衣、自己吃饭，这些也是非常重要的。

斯波克支招DIY

孩子独立，才能让自己变得更加优秀。所以，父母要早点儿培养孩子的独立意识，祛除孩子的依赖心理。孩子的独立性是孩子未来发展路上最重要的，也是不可或缺的素质。那么父母该如何培养孩子的独立性呢？斯波克先生给了以下几点建议。

◆耐心培养宝宝的独立性

宝宝从牙牙学语到走路长大，父母都希望给孩子最好的教育。幼儿时期，父母最应该做的就是培养孩子的独立性。当宝宝遇到困难时，父母不要急于伸手帮助，要鼓励宝宝自己动手动脑、独立克服困难。独立是非常重要的素质，孩子只有独立了，才能走得更远。

◆抓住培养宝宝独立性的机会

幼儿期是培养宝宝独立性的最佳时期。这个时期的宝宝对成人做的事常常表现出极大的兴趣，他们会模仿父母的动作。所以，父母要有正确的认识，抓住机会培养宝宝的独立性。宝宝一旦拥有了独立性，那将会让他终身受益匪浅。

◆营造出独立的氛围

父母想要培养孩子的独立性，就要营造出独立的氛围。孩子生活在什么样的环境里，就会有什么样的习惯。在独立的氛围中，宝宝也会独立，因为只有学会独立才能融入到环境中。

斯波克育儿小语

父母想培养宝宝的独立能力，就要为宝宝提供各种各样的实践机会，放开双手让宝宝去做那些力所能及的事情。只要宝宝想做、愿意做，就大胆放手让宝宝去做。即使失败了，父母也要在一旁给予鼓励。培养孩子的独立性，放开双手才是关键所在。

宝宝的动作发展

培养宝宝自己吃饭的能力。

——斯波克育儿语录

⏱ 阅读时间：25 分钟　　🎓 受益指数：★★★★★

第二章　让人喜忧参半（1~3岁）

抓起汤匙自己吃饭

在日常生活中，有很多孩子已经很大了，却还要别人喂饭，这对孩子的动手能力及手眼协调能力的发展是极其不利的。

故事的天空

小辛迪已经3岁了，爸爸妈妈决定教小辛迪使用餐具。

刚开始的时候，父母一点点地在辛迪面前示范吃饭的动作，一步步地教他使用汤匙。可是小辛迪却很不适应，不管他怎么模仿，汤匙里面的食物却怎么都送不进自己的嘴里，全都洒在了桌子上。辛迪的父母看到这种场景，并没有放弃让他自己吃饭的念头。但是渐渐地，辛迪对于吃饭这件事情失去了耐心。

后来，辛迪的父母想到

了一个好办法。每顿饭，辛迪的妈妈都会做一些可以用手直接拿着吃的食物，比如辛迪喜欢吃的鸡腿、蘑菇等。在吃饭的时候，辛迪用汤匙吃下去一口饭，就可以得到一个用手抓食物的机会，这激起了辛迪极大的兴趣。

就这样，在美味食物的刺激下，辛迪逐渐学会了使用汤匙，虽然还不是很熟练，但是却能够把饭送到嘴里了。等到辛迪4岁的时候，父母开始教小辛迪使用筷子。筷子相比较汤匙来说，用起来要困难一些，辛迪怎么都没办法控制手里的筷子，为此还哭了好几次鼻子。

不过，后来在父母的精心教导下，4岁的辛迪终于学会了用筷子吃饭。周围的人们都夸他聪明伶俐，而这也就更加坚定了小辛迪好好练习使用筷子的决心，争取"一夹必中"。

宋姐爱心课堂

宝宝用汤匙吃饭需要一个循序渐进的过程，妈妈可以先让宝宝学会自己抓饭吃，然后示范汤匙的使用方法，最后再让宝宝用汤匙自己吃饭。

或许，有些父母看到这些后，感到步骤很麻烦，宝宝可能学不会。其实不然，有这种想法的父母主要是引导的方法比较落后。要想让宝宝乖乖地用汤匙吃饭，父母要根据宝宝的心理发育对其进行恰当的引导，并且给予一定的鼓励和赞美。妈妈要帮助宝宝克服学习过程中的种种困难，比如动作之间的不协调、身体各部位的不配合、注意力不集中等。从原来的不会拿、不愿拿，到最后宝宝能够用汤匙独自完成进食，这是一个漫长的过程。在这个过程中，宝宝需要父母的悉心引导和照顾。斯波克先生认为，培养宝宝独自进食的能力，同时也能让他的自信心和独立性增强。

筷子的使用比较困难，是一门"精细活儿"。宝宝2岁之后，妈妈再试着教宝宝练习使用筷子。在练习的时候，要选择宝宝专用的筷子，这种筷子比较短，也比较轻，宝宝容易控制。宝宝学习使用筷子的过程可以延续到6岁，所以在教学过程中，妈妈不必过于苛刻和着急。

斯波克支招DIY

让宝宝自己学会使用餐具，对父母来说是一项非常艰巨的任务，需要宝宝经常练习。小时候的宝宝，总会对任何事情都充满好奇，这个时候，父母可以通过宝宝的好奇心让宝宝学习使用汤匙。

◆ **父母示范**

父母不要觉得麻烦，在教会宝宝使用餐具的基本要领后，要时不时地和宝宝一起练习。宝宝在使用汤匙吃饭的时候，可能会把饭弄到脸上或者是桌上。而这个时候，父母可以给宝宝示范汤匙的使用过程，然后教宝宝怎样拿汤匙，怎样用汤匙盛饭，怎样把饭送到自己的嘴里等。孩子做不好，父母也不应打击孩子的积极性。时间长了，宝宝自然就会使用汤匙了。

◆ **耐心教导**

父母是孩子最好的老师。在孩子使用餐具的问题上，父母一定要耐心引导孩子。孩子做得好，父母要及时给予表扬；做得不好，父母也不应该给予批评，而是应该鼓励孩子，这样孩子才有动力坚持下去。刚开始时，宝宝很可能会因为无法灵活使用餐具而大发脾气，有些宝宝甚至会因为怕麻烦而放弃。这个时候，父母千万不能动摇，只要多花点时间，多付出点耐心，是可以让宝宝学会的。

◆ **让宝宝练习**

在宝宝已经掌握基本要领之后，父母要和宝宝一起练习。用汤匙舀水喝、舀饭吃，这些都是最基本的练习。只有不断地练习，宝宝使用汤匙的技巧才会更加熟练。

斯波克育儿小语

用汤匙吃饭看起来是一桩小事，但是在孩子动作的锻炼、自理能力的培养、良好进餐习惯的养成方面都是极为重要的。父母要在孩子学习能力较强的时候教会孩子使用汤匙吃饭。

宝宝的学习是从一点一滴开始的。

——斯波克育儿语录

阅读时间：30分钟　　受益指数：★★★★

从学习脱衣到穿衣

宝宝从18个月的时候就应该学会自己穿脱衣服了。相比穿衣而言，脱衣服要简单得多。所以，要让宝宝学会自己动手穿脱衣服，应该让宝宝先从学会脱衣服开始。

故事的天空

艾米已经2岁了，妈妈便想让她学着穿脱衣服。

这天晚上，艾米吃完饭之后，便让妈妈给她脱衣服睡觉。妈妈来到她的卧室，对小艾米说："宝贝，要不要试着自己脱衣服啊？能自己脱衣服的感觉简直棒极了！"然后一边说，一边给宝宝做示范动作：先是把外衣上的扣子解开，然后将一只袖子拉下来，接着再把另一只袖子拉下来。很快，妈妈就把衣服脱下来了。

小艾米在一边看得怔住了，她不明白衣服是怎么从妈妈的身上脱下来的。于是艾米的妈妈便帮着艾米脱衣服，一步步慢慢地将她的衣服脱掉，然后又将外套给她穿上。不过这次并没有给她扣扣子，因为这样学起来比较简单，宝宝也乐意学。就这样，在妈妈的帮助下，艾米很快就学会

了脱上衣和裤子。

后来，妈妈又以同样的方式教艾米穿衣服。几天的工夫，小宝贝已经熟练掌握了穿脱衣服的技巧，再也不用缠着妈妈给自己穿衣服、脱衣服了，这让小艾米很有成就感。接着，小艾米又自己主动要求穿鞋子，虽然在系鞋带上面总要花费不少时间，不过这并不影响艾米的学习兴趣。现在，小艾米总是自己穿好衣服、鞋子，再也不需要父母帮忙了。

宋姐爱心课堂

艾米能够很熟练地脱衣穿衣，不仅是艾米自己对这件事情感兴趣的原因，也是父母在一旁悉心教导的结果。

孩子在大约两岁的时候，就开始对脱衣服感兴趣，然后就会慢慢地学习。当他们能熟练地脱衣服之后，紧接着他们就会学习一些简单的穿衣动作。要再过大约一年的时间，他们才可能学会穿那些比较难穿的衣服。

孩子从学会脱衣到学会穿衣，是成长当中一个必须经历的过程。当孩子慢慢学会这些的时候，他们就开始对其他东西感兴趣，然后便会学习一些其他的事，像穿鞋、穿袜等，有的孩子还会学习自己扣纽扣。当然，孩子学会这些，需要父母耐心地教育与正确地指导。

斯波克先生说，当孩子对一些小事产生兴趣的时候，家长要鼓励孩子，给予孩子指导。

斯波克支招DIY

所有的父母都知道鼓励孩子才能促进他们健康成长，可是什么样的方法才是正确的呢？

◆ 鼓励要及时

当孩子开始自己动手做事的时候，无论孩子做得好与不好，家长都应该及时予以鼓励，这样孩子就会有一种被肯定、被接纳的感觉。这样便能从根本上培养孩子的自信心，增强他们行动后的自我满足感，从而让他们产生向上的力量。鼓励的运用一定要及时，越及时效果越好。

◆ 鼓励要适度

对于孩子所做的，父母也不应该每次都给他们鼓励，次数多了，就要有选择地给予鼓励。正所谓"过犹不及"，如果家长经常将鼓励的话挂在嘴边，反而会让孩子产生厌烦情绪。这样，不但不能增强孩子的自信心，反而有可能会削弱孩子的自信心，让鼓励失去价值。因此家长要把握好一个"度"，力求最大程度发挥鼓励的功效。在鼓励的同时，要恰当地提出新的要求，不断增强孩子的上进心。

◆ 给孩子自由

对婴幼儿的照顾是需要一定技巧的。在孩子开始学习脱衣穿衣的时候，家长要在一旁给予他们正确的指导。当孩子学会做这些小事之后，他们就会自己动手。若这时父母去干涉孩子的行为，不仅不会帮助到他们，反而会让他们认为自己在这方面做得很不好，失去自己动手的信心，不再相信自己。所以家长要给孩子充分的自由，让他们做力所能及的事情。

斯波克育儿小语

在孩子的成长过程中，父母只有放开手脚，给孩子充分的自由，并在孩子学习的时候给予正确的指导，才能让孩子学会自己动手。让孩子从简单的脱衣开始学起，慢慢地他们就能学会穿衣、穿鞋、洗手等。

宝宝学习走路的时候，父母要在一旁帮助，然后适当放手。

——斯波克育儿语录

阅读时间：25分钟　　**受益指数：**★★★★★

第二章　让人喜忧参半（1~3岁）

宝宝开始"齐步走"

一般1岁以后宝宝就开始学习独立行走，这时父母要帮助宝宝学会正确的走路姿势。每个宝宝在学习走路的初期，总是会出现各种各样的问题，父母要做的就是对宝宝进行指导。这个时期，宝宝的协调能力不好，父母要用手扶着宝宝，直到宝宝可以独立行走，才可以松开双手。

故事的天空

罗恩已经1岁了，爸爸妈妈决定教小罗恩学习走路。

最开始的时候，小罗恩的父母一人扶着小罗恩的一只胳膊，手把手地教小罗恩学习走路。几天之后，爸爸松开双手，只有妈妈在一旁扶着小罗恩的一只胳膊，教小罗恩走路。又过了一段时间，小罗恩就可以自己走一小段路了。

有一天，妈妈为了让小罗恩可以走得更远一些，就在小罗恩的前方，放上他最喜欢的玩具，陪小罗恩走了一小段路后便松开了双手。小罗恩看到自己喜欢的玩具在前方，于是很快朝着玩具的方向走过去。

小罗恩学会独自行走后，接下

083

来的任务就是要掌握正确的走路姿势了。其实，教会小宝宝走路是需要一步一步完成的，父母不能总想一气呵成。只要耐心地教导孩子，以小宝宝的聪明才智，一定会很快就学会的。

宋姐爱心课堂

小罗恩的妈妈教小罗恩学走路时，采用循序渐进的教育方式，没有想过一步到位，这是很对的。父母要耐心地教导孩子，并且随着小宝宝走路越来越熟练，要适当地为小宝宝增加难度。慢慢地，小宝宝走路就会更稳了。

值得注意的是，宝宝这时期的"内八字"与佝偻病形成的"O"形腿无关。有些父母觉得既然教小宝宝学习走路，就要让他的姿势准确，然而在8岁之前，宝宝的走路姿势都是来得及改变的，所以不必急于一时，否则会降低宝宝学习走路的热情。

宝宝从独自站立到行走，再到稳当地走路、跑步等，是自身平衡力的发展过程。父母要帮助孩子提高平衡力，纠正孩子不良的走路姿势，并增强其腿部力量，才能让孩子更顺利地学会走路。

斯波克支招DIY

教宝宝走路是一个非常漫长的过程。父母不要想一蹴而就，而要耐心地教导孩子，让孩子一步一步走，利用身边的资源，慢慢教会宝宝走路。对于教宝宝，斯波克先生给了几点建议。

◆ **选择空旷的地方**

父母教小宝宝走路，为了避免孩子受伤和磕碰，最好选择空旷的地方，这样可以激起小宝宝想要尝试走路的欲望。不过，现在很多都市家庭想要找一个空旷的地方教宝宝走路并不容易，而大多数父母都是在家里教宝宝行走的。这就需要注意家里的桌子、椅子等有棱角的物体，避免孩子磕伤、碰伤。

◆ **父母在一旁帮助孩子**

孩子还不能自己走路的时候，父母要扶着孩子的手，避免孩子摔倒。当孩子可以走几步的时候，要记得放手，让宝宝感受一下自己走路的感觉。当宝宝摔倒的时候，不要马上扶起宝宝，让他自己起来，然后鼓励他继续走。

◆耐心教导

教小宝宝走路，不能急于求成，父母一定要有足够的耐心才行。要知道，任何事情过于着急，都不会有好的效果。

斯波克育儿小语

父母可以利用生活中的点点滴滴，对宝宝进行动作的训练。教孩子走路是一件非常有意思的事情，不要急于求成，耐心地教导宝宝，及时纠正宝宝的走路姿势，让孩子掌握平衡力，才是最重要的。

爸妈私房话

当孩子会走路之后，就一定要让他学着奔跑。

——斯波克育儿语录

阅读时间：25分钟　　受益指数：★★★★

让人惊喜的跑步、双脚跳

孩子可以自己行走之后，接下来所面临的便是跑步和双脚跳。3岁是孩子学习跑步、双脚跳的最佳时期。孩子学习跑步和双脚跳时，父母要在一旁帮助孩子，等孩子掌握平衡之后，再对他进行简单训练。

故事的天空

小简妮已经3岁了，走路很稳当，于是，妈妈决定教她更难的动作——跑步和双脚跳。

一天，妈妈带小简妮到公园里玩，妈妈松开自己的双手让小简妮自己先走一会儿，然后，妈妈示范跑步给小简妮看。小简妮看到妈妈跑走后，很是心急。于是，她迈着小短腿，也慢跑起来。她的小手在空中挥舞着，很是可爱。可是，妈妈还没来得及高兴，小简妮就摔倒了。妈妈见状，走到小简妮的面前，说："宝宝，刚刚做得很好，摔倒了，不要哭，站起来再试一次。"简妮听了妈妈的话，果然停止了哭泣，自己从地上爬起来。这一

次，在妈妈的悉心指导下，小简妮终于学会跑步了。

之后，妈妈又开始教小简妮双脚离地起跳。开始，小简妮很害怕，妈妈就将她放在矮一点的花坛上，告诉小简妮往下跳，妈妈会接住她。就这样，小简妮学会了跑步和双脚跳。

宋姐爱心课堂

小简妮由开始的害怕，到最后完全掌握了跑步和双脚跳，在这个过程中，妈妈一直很耐心地教授、示范，给孩子安全感，帮助孩子学习，做得非常好。

每个孩子的学习都要经历由易变难的过程，从走路到跑步，再到双脚离地地跳，都是宝宝必须要学会的。父母需要在一旁指引、教导，给孩子足够的信心，让宝宝鼓足勇气向前进。

现实生活中，有些父母在教孩子跑步的时候，见到孩子摔倒了，就连忙过去扶起孩子，安慰孩子不要哭。可是，这种做法真的对吗？是对孩子好吗？孩子摔倒之后，父母应该鼓励孩子自己站起来，并且让孩子再尝试一次，告诉他跑步的要领，让孩子自己完成跑步的过程。父母不应该过多帮助孩子，适当地让孩子独立是中国父母需要学会的教育方法。

斯波克支招DIY

如何教宝宝跑步，确实是大多数父母都很烦恼的一个问题。他们不知道该如何训练孩子，如何教给他们跑步的要领。其实不要着急，让孩子学会跑步，可以注意以下几点。

◆ **父母鼓励**

在孩子摔倒的时候，不要阻止孩子继续学习，应该鼓励孩子再尝试一次，并告诉孩子怎样才不会摔倒、如何掌握平衡。父母的鼓励对孩子来说才是最大的动力。当孩子成功的时候，要及时表扬。孩子很希望父母表扬自己，无论是多小的事情。

◆ **选择合适的衣物**

为了让宝宝练习跑步和双脚跳，父母首先要做的就是给宝宝选择舒服合适的衣物。如果衣物不合适的话，会影响宝宝的发挥，很容易让他摔倒。适当地给宝宝增减衣物，当宝宝出汗的时候，也要及时擦拭，不然宝宝会感冒的。

◆ 适当增加难度

当宝宝可以慢慢小跑的时候，父母可以选择有一点坡度的地方，这样可以进一步锻炼宝宝跑步的技巧。适当增加难度，对宝宝来说是一件好事。

斯波克育儿小语

父母要用正确的方法帮助孩子，这样不仅能促进孩子尽快学好跑步和双脚跳的动作，还能促进宝宝的身体发育和协调性。跑步对于成人来说很简单，但是小宝宝却需要反复练习很多次，所以，父母要耐心教导孩子。

爸妈私房话

> 珍惜和孩子一起上下楼梯的时光。
>
> ——斯波克育儿语录

阅读时间：25分钟　　受益指数：★★★★★

学会上下楼梯

宝宝到了行走期，最喜欢的一项运动就是上下楼梯。这个时期，他们对周围的一切都充满了好奇，总想要探索周围的世界，而只有脚和腿才可以满足他们的需求。于是他们摇摇晃晃地开始了探索之旅。

故事的天空

2岁的露易兹是一个十分文静的小男孩，他粉红的小脸上长着一双水汪汪的大眼睛，十分招人喜欢。

最近，妈妈发现露易兹喜欢上了爬楼梯。只要看到楼梯，露易兹总要上下走两圈才肯罢休。这倒不算什么，关键是他根本站不稳，一不小心就会摔倒，即便是这样，他还是坚持要爬，这让妈妈感到很奇怪。

在一个星期天的早上，妈妈带着露易兹去超市买东西。一进入超市露易兹就眼前一亮，指着楼梯的方向，用力拽着妈妈的衣角，对妈妈嘟囔着："露易兹上楼，露易兹上楼……"但是妈妈担心他会摔倒，就没有答应他的要求，蹲下身子抱起露易兹向楼梯走去。但露易兹嘴里还在

一直说着："露易兹自己上楼，露易兹自己上楼……"见妈妈没有理会他，露易兹大哭起来。妈妈原以为这么小的孩子，只要看到超市里眼花缭乱的零食和玩具就不哭了，但结果却是露易兹怎么都不肯停止哭闹，非要自己走楼梯。无奈之下，妈妈只好带着他下楼，又让他自己走了上来。

宋姐爱心课堂

故事中，露易兹正处在学习走路的阶段，对于身边的一切都充满了好奇。他希望用自己的双脚探知身边的一切，而走楼梯是他探索世界的开始。

宝宝学习走楼梯的时候，手充当了他们的得力助手。为什么这样说呢？主要是因为手是宝宝最早使用的"工具"，比脚的经验丰富得多。所以他们在用脚的时候，也要事先通过手进行感知。宝宝在下楼梯的时候，一般都是先用手去感知台阶之间的高度，然后才敢把脚放下去，上楼梯的时候也是如此。

当宝宝上下楼梯不再用手去感知的时候，就意味着他们已经完全体会到脚的作用。所以，宝宝此时对走楼梯有着独特的感情，他开始不断地用脚来感知周围的空间，用脚来揣摩空间。宝宝这种无意识的运动，逐渐将脚的潜能激发出来，同时，腿也变得更加灵活了。这个时候正是宝宝行走的敏感期，宝宝强烈渴望用自己的腿脚去探索世界。

斯波克支招DIY

当宝宝处于行走敏感期时，不管宝宝做出怎样的行为，父母都不应该训斥宝宝，要懂得欣赏宝宝的这种行为。同时，父母还应该做一些必要的引导。

◆ 了解宝宝的兴趣

父母应该了解宝宝在行走敏感期感兴趣的东西。其实，这个时期的宝宝不仅仅对楼梯有着浓厚的兴趣，对那些带"坡"的空间也都比较感兴趣，比如上坡路、滑梯等。

◆ 一定不要厌烦

行走敏感期的宝宝会对走路陷入痴迷的状态中，但是他们走路还不稳，所以父母需要时常跟在他们的后面。有些父母会感觉很累很烦，认为宝宝长大了自然就会走路了，于是就把宝宝抱在怀中。其实，这是宝宝成长过程中的一个必经阶段，如果父母觉得烦而阻止宝宝行走，那么宝宝的这一敏感期就会推迟，可能到三四岁时才出现。所以，为了宝宝的健康成长，父母应该跟在宝宝的后面，宝宝走你也走，宝宝停你也停。

◆ **为宝宝提供良好的感知材料**

行走敏感期的宝宝一般都是利用脚来感知世界的。所以，父母也可以为宝宝提供一些良好的能用腿脚感知的辅助材料或设施。曾经有一位妈妈就给自己处于行走敏感期的宝宝制作了一个按摩器，材料是竹子，表面疙疙瘩瘩的。当妈妈扶着宝宝站在按摩器上时，宝宝在上面行走了几下，就对这个按摩器产生了兴趣，之后，两只小脚就不停地在上面移动起来。

斯波克育儿小语

只有在不断感知的过程中，宝宝腿脚的潜能才会渐渐地被激发出来。父母应该了解宝宝这个时期的习惯，给予宝宝行走的自由，而不是抱着宝宝走路。

爸妈私房话

宝宝的情感世界与社会性

懂得如何让愤怒的孩子安静下来，才是最聪明的父母。

——斯波克育儿语录

阅读时间：30分钟　　受益指数：★★★★★

让怒气冲冲的宝宝安静下来

再小的孩子也有自己的情绪。当孩子生气的时候，家长该如何应对呢？许多家长在孩子生气时表现得十分暴躁，会让孩子从心底感到惧怕。这种做法是极其错误的。

故事的天空

罗伊从小就非常喜欢发脾气，一点不顺心的事情都会惹得他大吼大叫。罗伊的爸爸妈妈总是尽可能地抚慰罗伊的情绪，告诉罗伊在想要发脾气的时候，试着做一次深呼吸，然后再想想刚才的那件事情到底值不值得发脾气。

有一天，小罗伊和妈妈去一家玩具店里挑选玩具。这时，进来一个和小罗伊差不多大的孩子。小罗伊和那个小宝宝同时喜欢上一个毛绒玩具，可是，店

里的毛绒玩具只剩那一个了。两个小宝贝谁也不肯让谁，为了争夺那个玩具，两个人差点要动手。罗伊的妈妈见状，便对小罗伊说："罗伊，妈妈是怎么教你的？当你情绪不稳定的时候，应该深呼吸。你现在这个样子，让妈妈很失望。"

小罗伊听到妈妈的话后，知道自己的情绪太过激动，于是马上深呼吸。过了几分钟，小罗伊的情绪平复了，对那个小宝宝说："其实，我选别的玩具也是一样的，既然你喜欢这个，我就让给你了。"

那个小宝宝听到后很高兴，他的妈妈便向小罗伊的妈妈请教如何让处于愤怒中的孩子安静下来。

每个小宝宝都有自己的情绪，一不如意，就会发脾气。这个时候，父母要做的就是试着转移孩子的注意力，不要大声呵责孩子，要耐心地教育孩子，让孩子明白自己的错误。只有这样，孩子才会平静下来。

宋姐爱心课堂

生气是所有小孩子都会有的情绪，父母应该尽量让孩子在愤怒中平静下来，小罗伊的父母就十分有经验。父母要试着去理解小孩子的情绪，不要总是责备。与其让孩子在训斥声中不敢言语，不如让孩子明白自己的错误，并改正过来。

面对孩子的愤怒，父母首先要制止他更加过分的行为。当他生气的时候，最好的方法就是：暂时把他隔离开，让他自己独自待一会儿，慢慢冷静下来。面对孩子生气的情况，父母要冷静处理，绝对不要和孩子生气。帮助孩子发泄怒气首先要求父母以身作则，父母不要情绪化，一定要让自己平静下来。

父母要选择一些高招安抚孩子的不良情绪，让孩子平静下来。如果孩子大发雷霆，父母应学会理解，暂时回避孩子，让孩子自己单独待一会儿，当他的不良情绪得到缓解后，再和他交流，这样效果会更好。斯波克先生认为，父母要聆听孩子，予以理解，并告诉他今后该怎么做，这样才能让孩子和愤怒说再见。

斯波克支招DIY

小孩子的情绪是大人无法理解的，他们一不顺心就会生气、发火。父母需要做的就是想办法让孩子冷静下来。要相信每个孩子都是善良的天使，他们发发火，闹闹脾气，都是可以理解的。

◆ 父母要冷静

父母在面对孩子发脾气的时候，总会显得手足无措，并用大人的方式来对待孩子。其实这样的做法是不正确的。孩子发脾气，父母首先要保持冷静，不要大声斥责孩子。冷静下来，心平气和地和孩子说话，尊重孩子是十分重要的。只有父母先冷静下来，孩子的情绪才能尽快平复。

◆ 转移注意力

小孩子对一件事情不满意，才会生气、愤怒。这时，父母不能让孩子的关注点继续停留在这件事情上，应该想办法转移孩子的注意力。这样小孩子就会很快遗忘愤怒的事情，转而关注别的事情，因此他的情绪很快就能平复。

◆ 让孩子单独待一会儿

面对正处于愤怒中的孩子，最好的办法就是让他与外界隔绝一会儿。给孩子一个独处的机会，他的情绪会很快平复。研究表明，孩子自己待一会儿，他情绪的平复速度比父母在一旁谆谆教诲要快很多。所以，在面对生气的孩子的时候，让他自己待着，独自平复心情吧，这样对孩子来说，是最好的方式。

斯波克育儿小语

每个孩子都是善良的天使，他们发发火，闹闹脾气，都是可以理解的。不要责怪孩子，要试着去理解他们。想办法让孩子冷静下来，才是最聪明的做法。

惩罚从来不是教育孩子的方式。

——斯波克育儿语录

阅读时间：30分钟　　受益指数：★★★★

允许宝宝去犯错

宝宝对事物的认识往往都是从失败和错误中得出的，如果父母不给孩子犯错的机会，那么他们永远不会学习到新的知识。只有允许宝宝犯错误，才能够保护他们强烈的探索欲和求知欲，与此同时也保护了宝宝的自尊心。在犯错误的时候，宝宝往往能将自己的潜能充分挖掘出来，也能更好地发挥自己的才能。

故事的天空

塔安带着3岁的儿子去一位好友家做客。好友是一名大学老师，家里也有一个3岁的儿子奇瑞。每一次前去做客，两个小宝贝都玩得其乐融融，倒也不用他们费心。

不一会儿，塔安看到奇瑞拿着钥匙想要打开卧室的门，可是那个钥匙插反了。只见小奇瑞在那里左拧右拧，就是插不进去，而自己的儿子也在一边手足无措地看着。塔安刚想开口提醒奇瑞钥匙插反了，却被好友给拦住了。

好友说道："不要帮助他，让他自己去'犯错'吧。你可以看看，过不了多久，他肯定会找到正确的方法的！"塔安回道："可是他还很小，就算是这

第二章　让人喜忧参半（1~3岁）

样，又能有什么好处？"

好友继续说道："没有什么，这一次的经历可以让他记得如何开门，这就是最大的好处。"

好友都这么说了，塔安也只好静静地坐在一边，看着两个孩子在门前摆弄。奇瑞见钥匙插不进去，便把钥匙拔下来，疑惑地看着门锁。没一会儿，这小家伙又重新拿起钥匙，这一次他找到了其中的原因，把钥匙反过来，正好对着锁眼。卧室门终于打开了，两个孩子开心得直拍手。

"人非圣贤，孰能无过。"不管在学习中还是生活中，人们都免不了要犯这样那样的错误。就连成人也避免不了犯错误，更何况是天真稚嫩的孩子呢？所以，作为父母应该认识到一点：孩子犯错误是一件再平常不过的事情，只有犯错误，他们才能学习和成长。

宋姐爱心课堂

塔安好友的教育方式是极为正确的，只有让宝宝自己去摸索、犯错，他才能够从中寻找到原因，进而找到解决问题的方法。

宝宝都有着强烈的好奇心和求知欲，在看到一些新鲜而又好玩的事物时，他们出于本能，就会利用自己有限的能力和经验，去认真探索和发掘。而在这个过程中，肯定会犯下大大小小的错误，遇到各种各样的挫折。斯波克先生说，小孩子在遇到挫折的时候，并不会像成人那样轻言放弃，而是会锲而不舍、刨根儿问底儿，直到达到了自己的目的，才会停止一切相关活动。

此外，宝宝遇到困难和失败的时候，如果自己解决不了问题，他们可能会向父母或老师求助。在这个过程中，虽然宝宝一直在犯错误，但是他却学会了一些知识，而且这种学习属于自发性的，是积极主动的。在这种情况下，宝宝的收获是非常多的。

斯波克支招DIY

每个人都是在犯错误中慢慢成长的，这是不争的事实。所以，当宝宝犯错误的时候，父母应该正确对待。

◆ 区分对待宝宝的错误

宝宝犯错误是常有的事，而错误的类型基本上有两种：第一种是随手乱扔垃圾、偷东西等，对于这一类错误，父母应该及时纠正，如果一味放任不管，将会造成很坏的后果，甚至会影响孩子的一生；第二种是在尝试中犯的错误，比如宝宝为了弄清玩具的构造而把玩具拆坏等，对于这一类的错误，父母应该允许甚至是鼓励宝宝去犯，因为宝宝在犯这种错误的过程中，可以不断吸取教训、逐步完善自己。如果父母阻止宝宝犯错误，只是一味地帮助宝宝解决困难，也就剥夺了宝宝探索未知领域的权利，与此同时，可能还会让宝宝变得不愿意尝试，懒于动手，甚至对父母产生很强的依赖心理，这些都不利于宝宝的成长。

◆ 不要用结果来判断一切

宝宝在做事时，能够得到好的结果自然是令人欣喜的。不过对于宝宝来说，过程的重要性并不亚于结果。父母应该多鼓励他们去尝试，去接受每一个过程中的美好，否则就会给孩子带来不好的影响，让他们以为一件事的价值只建立在结果的好坏上。如果产生了上述错误的观念，孩子很容易戴上光鲜亮丽的假面具，对于真实的自我不敢肯定和认可。

◆ 给宝宝应有的尊重

很多父母都遇到过这种情况，就是宝宝多动或者害羞。在斯波克看来，这都是宝宝的天性使然。作为父母，首先要给予孩子应有的尊重，而不是去训斥孩子。有时候，父母对孩子的批评过多，而且完全不给孩子犯错误的权利，这种做法的影响极坏。要知道，扼杀孩子犯错误的权利，就意味着剥夺了孩子成长的权利。

斯波克育儿小语 ♥

宝宝在犯错、改正这一过程中所学到的知识，要比他们在父母的训斥和说教中学到的多很多。宝宝犯错误的过程正是宝宝学习的过程，父母应该给宝宝犯错的空间，不要不允许宝宝犯错。

不要小瞧了宝宝的判断力。

——斯波克育儿语录

阅读时间：25分钟　　受益指数：★★★★★

判断是非宝宝心里有数

有的家长认为，1岁的宝宝除了吃饭睡觉就什么都不会了。只要孩子不哭闹就比什么都强，这么小的家伙哪儿有什么判断是非的能力啊！然而，事实却不是家长们所想的那样，其实在孩子还在懵懵懂懂、牙牙学语的时候，尤其是当他们欢笑或发怒时，他们就已经开始对外界的人、事物有了观察与认识，并在心里对这些有了初步的判断。

故事的天空

朱丽叶已经1岁了，家里人极为宠爱她，对她的照顾更是无微不至。她的父母认为，这么小的孩子什么都不懂，只要她不哭不闹，就算是表现非常好了。可是，朱丽叶显然不那么认为，1岁的她正是想要表现自己的年纪，对于她来说，她的一些感觉是需要父母用心观察和体会的。

有一次，朱丽叶的父母带着她去外面玩。在休息时，他们看到了这样的一幕：一个看上去大约十岁的男孩，正用树枝抽打一只可怜的小狗，而路人也都司空见惯一般，没有人上前阻止。就在这时，一个

年龄稍小一点的小女孩跑了过来，她抓住小男孩手中的树枝，不让他欺负小狗。小狗好似看到了救星一般，急忙躲到小女孩身后。男孩拗不过女孩，最后只能停下来。小男孩站在一边，小女孩则蹲在地上安慰受伤的小狗。

这一幕被小朱丽叶看到了，就在朱丽叶的父母想要带着朱丽叶离开的时候，小朱丽叶忽然指着那个方向"呀呀"地叫了起来。无奈，父母只得带着朱丽叶过去。两个小孩看到有小朋友过来很高兴，都想要逗逗这可爱的孩子。然而这也是要看朱丽叶的意愿的。因为刚刚目睹了小狗"受欺负"的一幕，所以朱丽叶对男孩怒目而视，吓得小男孩不敢靠近。奇怪的是，当小女孩走过来时，朱丽叶却很是开心。

其实，这正是朱丽叶自己对于是非的判断。她认为刚刚欺负狗的男孩是个坏人，所以她不喜欢这个小男孩。这个女孩，朱丽叶则认为她是个大好人，因为她救了小狗，就是这么简单。

宋姐爱心课堂

朱丽叶对于好人和坏人的区分，只是她对刚刚接触的人和事物的一种是非判断。家长认为1周岁的孩子什么是非观念都没有，这是一种错误的观点。

其实，宝宝出生两个月后，就开始观察周边的人和事物了。他们喜欢观察人的面容，即使宝宝在生理上感到困倦或饥饿，当看见他们所熟悉的面容时也会微笑并手舞足蹈。这个时期的宝宝对于是非是有一定的判断能力的。

在他们的认知里，好人坏人、好事坏事是有一定标准的。这说明宝宝不仅仅有生理性需要，也有社会性需要。如果我们忽视了宝宝这种最初的反应，只是满足他们的生理需求，并且对宝宝的"无理取闹"毫不在乎，不对他们的认知给予正确指导，就会让宝宝形成不正确的是非观，养成不良习惯，影响他们的一生。

斯波克先生认为，宝宝开始对外界有了认知与观察能力的时候，就已经有了自己的判断力。这时，家长要耐心引导宝宝，培养宝宝正确的是非观。

斯波克支招DIY

宝宝对是非的判断能力是需要父母用心培养的，那么父母又该如何去做呢？来看看斯波克先生给父母的一些建议吧。

◆ 让宝宝养成良好的习惯

父母对宝宝的教育直接关系到他的将来。在宝宝有了是非判断的能力之后，父母要给宝宝在饮食、睡眠、礼貌等方面建立规矩、统一的是非标准。这一标准要得到全家人的认同，并且严格执行。例如，宝宝在睡醒之后不哭闹，只是自己躺着玩耍，就要表扬宝宝做得好；若宝宝毫无缘由便哭哭啼啼，那就是表现不好的行为，这时就不要去理会他，慢慢地宝宝就知道自己做得是不对的。

宝宝太小，并不能用语言来表达自己需要什么，一切都只是用哭来表达。所以，父母要学会判断宝宝哭闹的真正原因，以便及时对症下药，进行处理。

◆ **充分利用自己的动作表情来对宝宝的行为加以肯定或否定**

半岁以上的宝宝，开始对父母夸奖或责备自己时所用的表情和语言有了反应。如果宝宝小便时知道要去坐便盆了，那么父母就可以拥抱他、亲吻他，以此来表达自己内心的喜悦之情。还可以愉悦地称赞宝宝："我们可爱的宝宝长大了，真棒！"父母也可以很温柔地抚摸宝宝，奖励他们最爱吃的或玩的东西，长此以往就能让宝宝树立正确的是非观。宝宝表现不好时，父母可以不予理会，或佯装生气的样子对他提出批评。

父母对宝宝的行为要做出客观评价，不能根据自己的心情来判断宝宝的是与非，一定要对宝宝进行正确的教育。

◆ **丰富宝宝的生活**

要给宝宝更多的锻炼机会，就必须引领宝宝进入更加丰富多彩的世界。在宝宝几个月大的时候，可以用音乐或玩具等吸引宝宝。宝宝稍大一些时，父母就可以带着宝宝多去外面走动走动，让他看看五彩斑斓的世界，参加各种各样的活动，与其他小朋友交往，这时要教导宝宝正确的礼貌行为。比如用动作来表示"你好""欢迎""再见"，教导宝宝小伙伴之间不要争抢玩具，在公园不攀折花木，等等。这使得宝宝在养成良好的行为习惯的同时，也形成了判断是非的能力。

斯波克育儿小语

> 宝宝在懵懂时期对是非的判断能力特别重要。父母要对宝宝进行合理的教育，使宝宝有一个正确的是非观，做一个明辨是非的好宝宝，这对宝宝将来对社会的认识，以及他今后的发展，都有很大的好处。

爸妈私房话

第二章 让人喜忧参半（1~3岁）

第三章

开始懂事了（3～5岁）

细心的父母会发现这个时期的宝宝十分听话，对父母非常依赖，爱模仿父母的行为，愿意帮助爸爸妈妈做事。他们开始有了自己的"小天地"，也开始走入幼儿园，与其他孩子一起玩耍、学习和成长。不过，在这段时间里，依然有很多问题困扰着爸爸妈妈们。

自立能力快速增强

孩子们也有自己的秩序。

——斯波克育儿语录

阅读时间：30分钟　　受益指数：★★★★★

给物品找"主人"

3岁左右的孩子需要一个有秩序的环境来帮助他们认识事物。这时的他们最喜欢做的事就是给物品找"主人"，并且他们认为每个人都应该遵守自己心中的原则。父母不必感到紧张，这只是孩子在秩序敏感期的一种表现。

故事的天空

3岁的凯琳早已对周边的人、事物有了自己的认知与理解，这时她最爱做的事就是把物品"物归原主"。有一次，凯琳看到爸爸换上了妈妈的拖鞋，就跑到爸爸身边，要求爸爸把拖鞋"还"给妈妈，还一脸很不高兴的样子。

凯琳的秩序感很强，她常常会阻止其他人动用自己的东西。每次看到爸爸用"妈妈的梳子"时，她都会很不开心，并且要求爸爸放下梳子。

有一次，爸爸和凯琳开玩

笑，抱着她转了一圈后把她放到了自己经常坐的沙发上。这时凯琳马上就从沙发上下来，迅速跑到自己常坐的沙发旁。在凯琳的认知里，爸爸常坐的沙发就是"爸爸的沙发"，别人是不可以坐的。对凯琳来说，谁的东西就一定是谁用，其他人是不可以碰的，这是她对周边事物的理解。不必惊讶，这只是凯琳在秩序敏感期的一种表现而已。

宋姐爱心课堂

当孩子开始对这个陌生的世界有了自己的认知与理解，并在脑海中形成了某些特定"秩序"的时候，他们会认为每个人都要遵守他们所认定的秩序。一旦有人违规就会使他们感到无所适从，甚至会因此大吵大闹。他们要求人人都按照他们的规矩来做事。

孩子的认知和成人是不同的，有些大人会认为"别人的闲事不要管"，怕招惹麻烦，而孩子却有种内在的秩序感，要求自己和他人都得遵守他所认定的规则。他们认为每个人的东西只有自己可以使用，别人是碰不得的；每一样东西都有它的主人，所以要物归原主。

处于秩序期的孩子是不愿意和别人分享自己的物品的，不仅如此，他们还不允许家里其他人随意更换使用物品。不要担心，这些只是孩子处在秩序敏感期的特点，家长只要正确引导就可以了。

斯波克支招DIY

父母要注意在孩子秩序敏感期时对他们的培养教育，因为这关系到孩子将来的文明素质、道德、智能状态以及安全感。那么父母该如何做呢？下面看看斯波克先生所给的意见。

◆ 满足孩子的小要求

在孩子有了自己的理解和认知时，他会对身边的人、事物有一个划分，认为谁的东西就是谁的，别人不可以去动。当孩子看到父母所坐的座位不是他们经常坐的那一个或者父母穿"错"了鞋子，提出让父母换回去的要求时，父母应该满足他。千万不要认为这是孩子固执、任性的行为，在秩序敏感期，这些行为对孩子来说是完全正常的。这时候家长应尽量去满足孩子的小要求，并尽可能地去配合孩子，给予孩子正确的教育。

◆ 和孩子做找"主人"的游戏

父母在陪伴孩子的时候，可以和孩子玩一些小游戏。既然这时的孩子最喜欢做的事就是给物品找"主人"，父母不妨把这件事转化为游戏。在开始之前，需要把家里人常用的物品准备好，像爷爷的报纸、奶奶的眼镜、爸爸的茶杯、妈妈的衣服、孩子的玩具等。然后，父母让孩子帮忙找到每一件物品的"主人"。在孩子做完这件事后，父母要表示感谢，或者口头称赞"宝宝真棒，真可爱"，别什么都不表示。这个小游戏不仅可以使宝宝学习到许多物品的名称，还可以让他在父母的态度中懂得在别人帮助了自己之后要记得感谢对方。这是教育孩子要有礼貌的好时机，父母切不可错过。

◆ 给孩子专属的物品

孩子在秩序敏感期，会要求旁人一同遵循他的规则。这时的孩子不习惯自己或他人的东西被别人使用，所以，父母可以给孩子准备一些专属的物品，以此来培养他的责任心和独立性。父母要告诉孩子哪些物品是专属于他的，这些东西他可以自行处理。除此之外，父母还要告诉孩子，他的这些物品应该放在什么地方以及该如何使用这些物品。

孩子或许在刚开始时并不知道对自己的物品如何处理，所以父母要在一旁帮助孩子去整理好它们。慢慢地，孩子便对自己的物品有了正确的认知和了解，这样他就能学会怎样管理自己的物品了。随着孩子专属物品的增加，孩子对物品的管理能力也会提高。

◆ 充分利用找"主人"敏感期

3岁左右的孩子正处在比较好动的时期，并且这时的他们动作相当敏捷。当他们在别人的手里看到自己感兴趣的东西时，就会对身边的人说："我要那个，我要那个。"如果要求得不到满足，孩子往往会不经他人同意，直接从他人手里把东西抢过来。这时父母就可以充分利用孩子找"主人"敏感期的特点，问孩子："这是从哪来的啊？""这是谁的？"在孩子给出了明确的答案之后，就接着说："原来这不是你的东西啊。那么我们该把它给谁呢？"这时孩子就会意识到自己的问题，明白这个物品的主人不是自己，乖乖把东西还给物品的"主人"。这样教育孩子可以使得孩子知道哪些是属于自己的东西，哪些不是，才不会乱抢别人的东西。

斯波克育儿小语

孩子在3岁左右的时候,对周边事物有了自己的见解。这时的他们会对一些特定的秩序相当敏感,他们不允许在自己能看到的范围内有人违反这些秩序,要求所有人都要遵循他们所认定的规则。这正是孩子在秩序敏感时期的正常表现,家长应该尽量满足孩子的要求,不要去打破他们的规矩。正确引导和教育孩子,才能让孩子有一个好的将来。

爸 妈 私 房 话

相信宝宝可以独立打理自己的生活。

——斯波克育儿语录

阅读时间：30分钟　　受益指数：★★★★

独立的宝宝打理自己的生活没问题

学前时期的孩子，对生活中的琐碎小事已经慢慢学会了自我打理，他们会尽可能地自己动手做自己的事情。此时的父母应该从旁协助宝宝，千万不要扰乱宝宝，否则会令宝宝焦急不堪，放弃自己动手的机会。

故事的天空

凯尔的父母每天都要上班，几乎没有什么假期，于是便商议着把凯尔送到全托幼儿园。他们认为，这样凯尔就可以和同龄人多多接触，和小朋友们一起玩耍，拥有一个快乐的童年。

凯尔自幼就很聪明，在同龄人里就像是个小大哥，总是带着小伙伴们一起玩耍。虽然每天都在幼儿园度过，身边没有家人的陪伴，但凯尔一直很开心，生活过得也十分精彩。凯尔在老师的帮助下，学会了做一些简单的小事情，像穿衣、洗手、洗脸等。凯尔甚至已经能够独自睡在一间房间，并不像之前在家时，一切都要父母的帮忙。

父母放假之后，便把小凯尔接回了家，对于凯尔的变化，父母并不知道。晚饭后，凯尔没有央求父母陪他睡觉，而是自己回到了卧室里。等到父母想起来的时候，凯尔

已经脱衣睡着了。看着床上熟睡的小宝贝，爸爸妈妈并没有将他唤醒抱到自己的房间，而是给凯尔留下了一盏壁灯后，退出了房间。

第二天清晨，凯尔的妈妈担心凯尔醒来后，发现自己一个人在屋里会害怕，于是便提前来到凯尔的房间等待他醒来。过了一会儿，凯尔睁开惺忪的睡眼，发现自己的妈妈后，竟说："妈妈，你怎么偷偷跑到我的房间来了？"说着，还自己动手穿衣洗脸。这可是让他妈妈诧异极了，脸上露出了难以置信的表情。接着，父母就发现凯尔在各方面都更独立了，于是感到无比欣慰，为凯尔的成长而高兴。

宋姐爱心课堂

凯尔的独立是老师耐心教导的结果。其实只要父母不再什么事都替孩子去做，而是慢慢引导孩子，就可以使宝宝学会自我独立。

父母在教育孩子的时候，不要忘记让孩子自己学习，培养他独立自理的能力。像最简单的脱衣穿衣、洗手洗脸，这些都是宝宝可以自己做到的。此外，家长可以交代给孩子们一些简单的小事情，比如给花浇浇水、除除草之类的，要放心让孩子自己去打理。上了托儿所的小朋友，父母可以让他们学会自己去打扫卫生，照顾好自己的玩具，整理好自己的物品，等等。

斯波克先生认为，这个时期的宝宝是可以自己打理自己的生活的，而且能做到井然有序。只要父母耐心教导孩子，放手让孩子去做自己力所能及的事情，告诉孩子在哪些方面可以自己动手，让孩子自己去尝试，就可以使孩子在生活自理能力、独立性等方面有所提高，让孩子成为一个生活有条理的人。

斯波克支招DIY

父母要让孩子在生活自理能力上提高，其实有很多方法可以实行，接下来为父母提供一些简单方便的方法。

◆规矩地吃饭

如果宝宝聪明一些，可能已经学会了用筷子来吃饭，只不过不是特别熟练。实际上，会不会使用筷子并不算什么大问题，此时父母要做的就是教给孩子正确的吃饭方法，告诉孩子吃饭时要专心，不能东张西望，不可以站着吃饭或是边吃边玩，让他们明白吃饭要有吃饭的规矩。

◆ **大小便**

3岁以后的孩子，上厕所大小便的时候已经不需要父母帮忙了，他们自己大都知道要去厕所解决。可3岁的孩子往往玩儿心很重，有时他们会因为玩得太过投入而忘记上厕所，最后不小心尿了裤子。在这种情况下，家长不应该对孩子过分责备打骂。父母可以给予孩子小小的鼓励，让他们逐渐明白该如何去做。此时父母还要让孩子养成便后洗手的好习惯，要不厌其烦地告诉孩子，直到孩子记牢。而且对于女孩子而言，父母还要教她们养成小便后使用卫生纸的习惯。

◆ **让孩子按时睡觉**

3岁左右的宝宝，在生活作息方面早已经养成了一定的习惯，所以，对于自己该何时去睡觉，宝宝是知道的。然而知道归知道，有的宝宝缺乏自控能力，到了睡觉时间却不肯上床休息。此时，家长不要责怪小宝贝，也不能迁就他，即使他不困，也要哄他上床睡觉。如果宝宝在醒来后无理取闹，家长不要马上去哄他，而要装作若无其事。要让宝宝开开心心地起床，自己穿衣洗脸。如果宝宝乖乖地做完了这些事，记得称赞宝宝。

◆ **做个讲究卫生的好宝宝**

这个时期的孩子已经有了生活自理的能力，所以家长要教育孩子养成良好的习惯，让孩子记得在饭前、便后、玩耍后使用香皂清洗自己的小手，并教宝宝学会自己刷牙漱口。

斯波克育儿小语

家长要培养3岁以后的孩子的生活自理能力，最基本的就是从身边的一些小事做起。切记在孩子犯错时不可责备孩子，要用正确的方法引导孩子，让孩子能够愉快地学习，从而提高孩子的独立能力。

爱实践的宝宝最可爱。

——斯波克育儿语录

阅读时间：25分钟　　受益指数：★★★★★

宝宝爱上生活实践

在生活中，教育是不可或缺的。著名教育家杜威曾经提出"教育即生活，生活即教育"的理论，由此可见，教育是多么重要。在生活中进行教育，最好的方法就是去实践。在实践当中，孩子可以将知识理解得更透彻。

故事的天空

威尔从小就和妈妈生活在一起，母子俩的生活虽不富裕，但依然过得很快乐。如今威尔已经4岁了，他可以感受到妈妈的艰辛。妈妈不畏辛苦地工作，只为使孩子能够同他人一样拥有幸福快乐的童年。

妈妈上班工作的时候，威尔就在托儿所里安静地等着妈妈来接他回家。或许是因为知道了妈妈的辛苦，所以现在小威尔学会了自己照顾自己，连小袜子也尝试着自己洗。妈妈在家时，时常会陪着小威尔玩折纸游戏，所以现在小威尔已经会自己动手做一些可爱的小折纸了。

这时托儿所要组织一个小小的活动，让孩子们去花园中赏花并学习如何使用一些工具。在这次活

动中，威尔不仅认识了很多花，而且学会了如何使用洒水壶为可爱的小花儿浇水。为了将新学的知识运用到生活当中，威尔还要求妈妈买了两盆花来让他照顾。威尔的妈妈看到威尔的动手能力有所提高，感到非常的欣慰。

在这次活动之后，威尔的妈妈总是帮威尔寻找一些锻炼的机会。慢慢地，威尔的能力有了很大的提高。这也让威尔的妈妈意识到教育的重要性，也意识到实践是进行教育时不可缺少的因素。

宋姐爱心课堂

威尔拥有出众的能力是他不断努力的结果，而不是天生如此。所以，要想让孩子像威尔一样得到锻炼，就应该多让他参加一些活动。要知道，实践在生活中是十分重要的。

很多家长在孩子4岁的时候，总是因为各种各样的原因而不放心孩子进行实践活动，担心他们会磕着碰着。在这些家长看来，孩子只有在自己的身边，在自己的视野内，才是安全的。可是，威尔的故事却告诉我们，要想孩子在生活中能够更加独立，提高他们的各项能力，家长就应该放手让孩子参加各种活动，让他们进行实践。

有专家曾这样提示孩子的父母：若想让孩子将来在社会中更好地生存下去，有更多的发展机会，父母就要从小培养孩子的生活实践能力，并教育孩子，使孩子拥有良好的生活习惯。所以，在日常生活中，有适合孩子的活动，家长就应该让孩子去参加，让他们有更多的实践机会，以此来提高孩子的实践能力。

斯波克支招DIY

为了使孩子在今后的生活中有更好的发展，儿童时期的教育是相当重要的，不可草草了事。斯波克先生给了以下几点建议，希望可以帮助家长正确地教育孩子。

◆锻炼孩子的生活技能

培养孩子的生活实践能力，父母要从身边的小事抓起。让孩子学会做自己的事情，就可以让他们积累很多生活的经验。为了孩子更好地发展，家长要为孩子创造不同的活动环境来使孩子对各种活动感兴趣，通过让孩子参加活动来提高孩子的实践能力。比如，在玩"过家家"的时候，孩子会积极主动地选择自己想要饰演的角色，从角色扮演中学习到一些东西。让孩子帮助妈妈做些家务，也能锻炼孩子的生活能力，让孩子对生活充满热情。

◆创造良好的心理环境

在孩子的生活中，父母要做到对孩子的尊重。孩子喜欢做的事情，家长不要去阻止，让孩子针对他们所喜爱的来充分表达自己的想法。父母对孩子的态度与孩子将来的生活品质有着密切的联系，所以父母要帮助孩子创造良好的心理环境，从而使孩子和父母之间的关系更加和谐融洽。父母要为孩子提供更多的实践机会，让孩子能够进一步对未知的生活进行探索，从而培养孩子的生活实践能力。

◆鼓励孩子多参加实践活动

这个时期的孩子会对一些事情感到好奇，需要父母的悉心指导。对各种各样的实践活动，父母要经过再三审视之后，挑选对孩子有利的让他们参加，让孩子在这些活动中有所收获，提高孩子的实践能力。

斯波克育儿小语

父母对孩子的培养应该从小抓起。为孩子营造良好的学习氛围，并且充分利用周围的环境，让孩子爱上生活实践，从而培养孩子的实践能力，为他们的将来打下基础。

宝宝的内心世界

父母应该享受宝宝对自己的依恋。

——斯波克育儿语录

阅读时间：30分钟　　受益指数：★★★★★

对父母难舍难分的依恋

3~5岁的孩子会对父母表现出一定的依附心理，就像是他们在婴儿时期对爸爸妈妈的依赖一样。这个时期的男孩会特别依恋妈妈，而女孩则会对爸爸有更深的情感。这时的孩子只是随着自己潜意识里的思想在行动，这是每个宝宝的必经阶段。

故事的天空

5岁的爱丽丝对这个陌生的世界已经有了一定的认知与理解，她喜欢身边的每个人，尤其是爸爸。她喜欢和爸爸一起玩闹，一起聊天，更喜欢坐在爸爸的肩膀上俯瞰这小小的天地。她认为爸爸就是她的整个世界，她不允许任何人抢走她的爸爸。

每到爸爸下班的时间，小爱丽丝总是准时守在家门口等待爸爸的归来。看到爸爸进门的那一

刻，她会飞扑到爸爸的身上，以此来表示欢迎。这是爱丽丝最高兴的时候，因为对她来说，这时的爸爸只属于她一个人，不会有人来和她争夺。

爱丽丝本来也很喜欢妈妈，但是现在她开始意识到妈妈对爸爸而言是生活中不可或缺的部分。每次看到爸爸妈妈在一起的时候，爱丽丝心里都很不高兴，甚至是以发脾气的方式来表达自己的不满。爱丽丝对爸爸的爱是非常自私的，甚至自私到希望妈妈不要在家，去出差旅行，这样就不会有人和她一起分享爸爸了。有一次妈妈去超市买东西，临走时听到爱丽丝对自己说："你放心出去吧，我会照顾好爸爸的！"这让妈妈哭笑不得。

有爸爸的陪伴，爱丽丝每天都是开开心心的。有一天，爸爸和小爱丽丝玩闹的时候，听到爱丽丝说："我长大后要和爸爸结婚。"爸爸并没有生气，而是很耐心地向爱丽丝解释了自己与妈妈之间的关系，告诉爱丽丝等她长大之后可以和自己喜欢的男生结婚。可是爱丽丝根本不理会爸爸，依然坚持自己的看法，保持着对爸爸那强烈的独占欲。

宋姐爱心课堂

爱丽丝对自己父亲所表现出来的占有欲是每个孩子都可能出现的感情，只不过对于男孩子来说，他们的依恋对象往往是母亲。

5岁左右的孩子往往会对父母有很强的占有欲，他们对于自己那自私的爱也是有一定意识的。他们会对自己喜欢的人产生紧张感，看到其他人和自己喜欢的人走在一起或是行为举止较为亲密，会感到很愤怒，并且会在心里产生一定的坏想法。当他们意识到自己的这种思维时，就会对自己的想法感到内疚甚至是产生恐惧心理，还可能因此而做噩梦。

斯波克先生认为，当孩子对父母表现出强烈的独占欲时，父母并不需要过多担心，只需要在孩子产生这种心理的时候，对孩子进行耐心指导，使孩子有一个正确的认知就可以了。由于这种强烈的感情是每个孩子都会有的，所以家长大可把它看成是大自然对孩子的塑造，并且能够让孩子在对待异性的情感上有正确的理解，让孩子在精神上得到发展。

斯波克支招DIY

父母的一言一行都会对孩子产生影响，而对于孩子那种强烈的占有欲，父母要耐心地引导孩子。父母可以通过以下几个方法来教育孩子：

◆ 让孩子摆脱恐惧

5岁左右正是宝宝产生独占欲的时期，这段时期宝宝会莫名地产生恐惧，感到害怕。这是由于父母那种高大的形象给宝宝造成了心理压力。这时父母要做的就是让宝宝相信自己并不严格，并且使宝宝觉得自己并不是丈夫（妻子）独自拥有的人，更要让宝宝认为是他占有爸爸（妈妈）更多。这样，宝宝就会从恐惧中慢慢走出来了。

◆ 帮助孩子成长

在这个时期，即使父母知道孩子对自己有一种嫉妒的心理，也不必担心自己在爱人面前所表现出的较为亲密的行为。当孩子在胡思乱想的时候，父母应该耐心地教导孩子，告诉孩子事情的真相，让孩子了解到自己是不可以独占爸爸或妈妈的。

◆ 温柔地对待孩子

如果孩子看到父母之间的行为较为亲密，有可能会表现出粗鲁无礼的态度，因为他们不允许自己的爸爸或妈妈被别人抢去，甚至他们的潜意识里可能会藏有"父母不可以单独在一起"的思想。这时父母不可以责备孩子，要态度坚决地给孩子讲道理，并温柔、和蔼地对待孩子。

斯波克育儿小语

孩子的这种强烈占有欲不会维持多久，所以并不会对孩子造成很大影响。在这个过程中，孩子所产生的恐惧心理使他们心中原有的浪漫喜悦心情化为灰烬。不是随着这种占有欲的消失，他们会将注意力转移到其他方面。

> 宝宝容易沉溺于自己的幻想中，被自己幻想的世界所迷惑。
> ——斯波克育儿语录

阅读时间：30分钟　　受益指数：★★★★★

被自己的幻想迷惑

3~5岁这个阶段的孩子与前几个阶段的孩子一样具有强烈的好奇心和丰富的想象力。他们急于了解这个世界的一切，想尽办法将一切事物和自己联系在一起。

故事的天空

4岁的杰瑞被妈妈送到了幼儿园，他在幼儿园生活得很快乐。每一次妈妈去接杰瑞回家的时候，杰瑞都会把他在幼儿园发生的趣事讲给妈妈听，让妈妈分享他的快乐。

就这样，妈妈每天都可以听到小杰瑞的故事，通过这些就能进一步了解杰瑞。从某一天开始，妈妈发现，杰瑞在描述自己一天的生活时，总会说起一个叫安的小女孩。他告诉妈妈，安很漂亮，性格也很好，总是和他一起玩。妈妈想这应该是杰瑞在幼儿园交到的朋友，他们关系十分融洽。对于为什么安每天都会陪着杰瑞，妈妈没有想太多，只觉得她是儿子的一个好朋友，陪他玩很正常。

有一次，妈妈到幼儿园去帮小杰瑞开家长会，却发现班里没有安这个女孩。当妈妈询问小杰瑞安

到底是谁的时候，杰瑞仍然说安就是他的朋友。无奈，妈妈便向老师问起缘由，而老师则说，杰瑞总是和男孩子在一起，不爱和女孩子交流。

妈妈发现这个问题之后，就经常询问杰瑞。直到有一天，在妈妈的劝说下，杰瑞说出了事情的真相：某一天杰瑞在与小女生玩耍时，因为一点小误会而发生了口角，让他不知所措，这也使得后来杰瑞和小女孩交流的时候，不知道该说些什么。于是杰瑞沉浸在自己的思维中，幻想自己有一个很要好的女生朋友。

宋姐爱心课堂

杰瑞心里想要和女孩子交流玩耍，却又不知道该如何表达，便幻想出一个每天都会和自己玩的小女生。这不是杰瑞的思想出了问题，而只是孩子在幻想敏感期的正常表现。

很多像杰瑞这样大的小孩，都有这种情况出现。有些父母在得知情况后，可能有些不知所措，甚至会严令禁止宝宝幻想。

其实，父母们大可不必这样紧张，因为孩子的想象力非常丰富，所以孩子自己也说不清楚到底哪些是真实的，哪些是虚构的。在他们的认知里，会觉得这些都是真实发生的事，所以他们会害怕那些充满暴力的电视剧和电影。

孩子偶尔撒谎，父母不要过分指责他。一般说来，只要他与其他孩子相处愉快，父母就不需要担心。虽然父母要体会孩子在幻想敏感期的表现，但如果发现孩子每天大部分时间都在讲述他想象中的朋友，父母就要注意了。父母要及时纠正孩子的这种思维，慢慢引导孩子走出自己的幻想，认清现实的世界，告诉他们什么才是真实的。

斯波克支招DIY

当孩子处在幻想敏感期的时候，家长不要放任不管，而是要正确引导孩子。那么面对幻想期的孩子，父母又该如何做呢？

◆ **满足孩子**

在孩子开始幻想一些东西的时候，家长就要注意了。这时，家长可以带着孩子多和一些同龄的孩子玩耍，带他们到周边走一走，让他们对身边的事物感到好奇，产生兴趣，并引导孩子喜欢上这些人和事物；填满他们的内心生活，让他们在现实中得到满足，这样孩子就会慢慢减少幻想了。

◆ 与孩子相处融洽

孩子与家长之间的关系是否随和融洽也影响孩子幻想的程度。在与父母的相处过程中，孩子都需要父母的拥抱，他们希望看到父母友好的一面。在和父母玩耍时，孩子能够从中获得乐趣。如果身边的大人都很严肃，那么孩子就会特别向往和能够相互理解的游戏伙伴在一起。这时，孩子就会幻想那些和蔼的人，幻想能够和他一起玩耍的小朋友。所以家长对孩子的态度对于幻想敏感期的孩子是相当重要的，家长与孩子之间的关系一定要融洽。

◆ 要注意孩子幻想时间的长短

孩子在幻想敏感期有短暂的幻想是很正常的，可当孩子在一天中存在大量的幻想时，尤其是到了4岁以后，如果经常和其他孩子在一起也未能得到改善，家长就要注意孩子的健康了。这时家长应该带孩子去看一下心理医生，看看孩子是不是出了什么问题。

斯波克育儿小语

4岁左右正是孩子爱幻想的年龄，父母在这时对他们要多加注意。在孩子进行幻想时，父母要给他们正确的指导，耐心引导孩子走出自己的幻想世界，认识现实世界的美好，让孩子拥有一个健康快乐的童年。

让宝宝在害怕敏感期出现时战胜恐惧。

——斯波克育儿语录

阅读时间：30分钟　　受益指数：★★★★

怎么办，我好害怕

焦虑的产生程度和孩子的年龄有着密切的联系。孩子们的想象力通常都是十分丰富的，他们对没有经历的危险也能够生动地描述出来。大部分三四岁的孩子都会对黑暗、小动物、身体有缺陷的人等产生恐惧。

故事的天空

转眼间，艾薇儿已经4岁了，随着年龄的增长，她对世界的认识也越来越深，也正是这个时候，艾薇儿产生了严重的焦虑。

现在的艾薇儿特别怕狗，她认为狗会随时扑过来咬她。

有一次，父母带着艾薇儿去郊外游玩，一路上艾薇儿都是开开心心的。到了中午休息的时候，父母便带着艾薇儿在大树旁边的草坪上休息，想听着艾薇儿的歌声度过休息时间。就在一家人其乐融融的时候，一只小狗从树后跑到了艾薇儿的面前。艾薇儿吓得哇哇大哭起来，不管家人怎么哄都不行。直到狗的主人将狗带走，艾薇儿才渐渐停止了哭泣。

在接下来的日子里，艾薇儿每次看到狗都会躲得远远的，这让

家里喜欢狗的人都不敢养狗。看到艾薇儿的表现，父母一直认为是上次游玩时被狗吓到留下的后遗症。然而他们不知道的是，其实艾薇儿在这个敏感期是很怕狗这种小动物的。她害怕狗会突然扑过来咬她，害怕受到攻击。

宋姐爱心课堂

3~5岁的孩子基本上都有害怕的动物，即使是从未遇到过危险的孩子也是一样。这是孩子们开始对这个世界慢慢地有了自己的认知与理解，他们会对周边的一些或真实或虚假的事物感到恐惧，这是这个时期宝宝的正常心理现象。

对于孩子在这个时期产生的恐惧感，家长是可以通过做一些事情来帮助他们慢慢消除的。家长可以和孩子做一些小游戏来减少孩子的恐惧感，不要让孩子接触他所恐惧的事物，减少孩子的害怕情绪。

恐惧能够使人做出快速的反应，是因为当我们产生恐惧的时候，肾上腺素就会大量分泌，从而使心跳加快，为我们做出迅速反应提供所需要的能量。这时，我们就能像风一样迅速逃跑，或像战士一样去勇猛地搏斗。所以，通过逃跑或者搏斗的方式，也可以让孩子的恐惧感消失。

斯波克支招DIY

当孩子出现恐惧心理的时候，家长要有应对的办法，帮孩子及时克服恐惧心理。看看斯波克先生给的建议吧。

◆ **让孩子发泄自己**

当一个孩子对某一事物感到害怕时，家长可以为孩子找到类似的事物，比如让孩子猛烈地击打一个看上去很恐怖的玩具来发泄自己的情绪，从而减轻孩子的恐惧感。家长不能在孩子恐惧时，只是告诉孩子不要去害怕，更不要让孩子直接接触那些让人感到害怕的东西，尽量让孩子远离，并帮助孩子找到发泄的途径。

◆ **不要指责吓唬孩子**

生活中，我们常会听说关于妖魔鬼怪的故事。孩子在电视上看到一些面目狰狞的鬼怪时，他们会从心底产生害怕的情绪，这时他们便会跑到爸爸妈妈身边来寻找安全感。这时，父母不应该指责孩子，更不要故意去吓唬他们，而是要避免孩子对这类事物的接触，还要注意观察孩子是否会在无人时自己幻想。当孩子出现上述状况时，父母应该及时加以引导。

◆ 充实孩子的生活

这一阶段的孩子会对很多事物感到恐惧，像有攻击性的动物、黑暗的屋子等，他们会把这些与自己联系起来并产生害怕的心理。如果发现孩子有了这种恐惧心理，家长可以带孩子多出去旅游或是让孩子和其他小朋友多多相处。也可以与孩子经常做游戏，让孩子有充实的生活，减少孩子独处的时间，这样孩子就没有精力去想这些可怕的东西了。

斯波克育儿小语

其实，孩子们的胆怯和恐惧心理会随着时间的推移被他们渐渐克服，只有主动去克服这种胆怯，孩子才能更快地战胜恐惧。

爸 妈 私 房 话

> 调皮的宝宝总是喜欢去让父母理解自己的言外之意。
>
> ——斯波克育儿语录

阅读时间： 25分钟　　**受益指数：** ★★★★★

理解宝宝的"言外之意"

随着孩子年龄的增长，他们对周围事物有了认识，语言的组织能力也更强了，这时的宝宝可能会喜欢和父母说一些比较"含蓄"的话。或许是他们调皮，又或许是他们不敢表达自己内心的想法，不管是什么原因，宝宝有时就是喜欢顾左右而言他。

故事的天空

3岁的艾伦现在特别喜欢吃甜食。为了满足小艾伦的需求，妈妈便为艾伦准备了很多蛋糕、糖果，并将糖果装在盒子里放到了桌子上。因为担心艾伦吃过多的甜食会牙疼，于是，妈妈便给艾伦限定了每天吃的数量，不让他多吃。

在这些甜食里，艾伦尤其喜爱蛋糕，但是由于蛋糕被妈妈放在冰箱里，小艾伦没有办法自己拿到，要靠妈妈的帮助才可以。于是艾伦便打起了糖果的主意，每次都会在妈妈不注意的时候偷吃糖果。因此，糖果总是很快就被艾伦吃完了。这时，他就会指着糖果盒子对妈妈说："为什么这个盒子是空的呢？"妈妈就会明

第三章　开始懂事了（3～5岁）

123

白，原来是糖果没了啊。有的时候，艾伦想吃蛋糕了，便会对妈妈说："妈妈，我的肚子饿了。"

有一次，妈妈带着艾伦去超市买东西。在经过食品区的时候，艾伦看到了琳琅满目的橱窗里摆满了蛋糕和糖果，然后他就对妈妈说："妈妈，你想不想吃蛋糕？"实际上，这是艾伦想要了，却不愿意直接向妈妈表达自己的想法。不知道跟谁学的，艾伦每次看到自己想要的东西，都会问妈妈这件东西她喜不喜欢或是她想不想要。

宋姐爱心课堂

艾伦每次向妈妈说出"含蓄"的话时，都是想要让妈妈帮他买自己喜欢的东西。像艾伦这样用一些较含蓄的话来表达自己内心想法的行为，是每个宝宝都会有的。

有的家长听到孩子"含蓄"的话时，虽然明白他的目的，却装作不懂，就会使孩子生气。

对于孩子说的话，父母要认真聆听，对话中所表达的言外之意，父母更要表示理解。孩子渐渐地长大，对自己想表达什么会越来越清晰，有时会因为害怕父母而不敢向父母直接表达自己的想法，所以就会说出比较含蓄的话来希望父母理解。

斯波克支招DIY

现在很多宝宝越来越喜欢向父母提要求了，可是有时无论父母怎样做，似乎都满足不了宝宝，导致父母就会认为宝宝是在耍脾气。实际上这可能是宝宝在用一种含蓄的方式来表达自己的感受，而父母并没有听出宝宝的言外之意。那么，父母又该如何去了解宝宝呢？看看斯波克先生给出的建议。

◆ **家长要学会倾听**

如果父母想要了解自己的宝宝在想些什么，就要去倾听孩子的意见。对孩子所表达的言外之意要认真理解，从宝宝的倾诉中了解到宝宝的真切感受，从而真正领会宝宝的思想和意图。只有这样，父母才可能"对症下药"。

◆ **常与宝宝交流**

父母对于宝宝的语言如果仅仅是倾听和理解还是不够的。要想对宝宝有更深入的了解，父母在倾听的同时，还要对宝宝所说及所想的事情做出反应。去和宝宝交流，用简单的语言让宝宝理解自己说的话，然后去理解宝宝所表达的言外之意。这个过程中，父母不要重复宝宝说过的话，否则会让宝宝有种不被尊重的感觉。

◆ **体会孩子**

父母要知道，宝宝在生活中比较喜欢用一个事物代指某种因果关系。而在宝宝开始含蓄表达自己想法的时期，他们就会常用某个事物或某句话来表达自己的感受。即使宝宝提到了某个事物，也并非指这个事物本身，而是在表达跟这个东西有着一定逻辑关系的另一层意思。所以，对于宝宝所表达的，父母要去细心体会，想一想是否有言外之意。不要不在意，而是要在体会理解宝宝之后来满足宝宝的要求。

斯波克育儿小语

每个孩子都会有用含蓄的语言向家长表达自己想法的时候。这时，父母不要认为宝宝是在讲述什么可笑的事情或是他自己在胡思乱想，要用心倾听宝宝所说的话，理解宝宝的言外之意。

爸妈私房话

宝宝的情感世界与社会性

面对孩子的无理取闹，妥协是最错误的。

——斯波克育儿语录

阅读时间：30分钟　　受益指数：★★★★★

感化家中的"小霸王"

有些孩子在家中享受的待遇，可谓是至高无上。祖辈的宠爱，父母的疼惜，使得孩子越来越娇气，有一点不顺心就会大哭大叫。最后，父母没办法，只好顺从他们。这种做法会让孩子变得更加嚣张。

故事的天空

周末，妈妈带4岁的布鲁诺去朋友家串门。回到家后，布鲁诺突然发现一直拿在手里的糖不见了。这块糖是妈妈的朋友塞给他的，而布鲁诺家里并没有这样的糖，所以他很爱惜。

看到糖不见了，布鲁诺着急地哭了。

全家人都来安慰他，并答应他第二天就给他买喜欢的玩具。可是，无论大人怎么说，布鲁诺都不妥协，只

完美解读斯波克立体早教经典

是一个劲儿地说："我要糖，我不要玩具。"

说着说着，布鲁诺一屁股坐在地上，然后打起滚儿来。家人看到他这样，实在是没有办法，只好出去寻找。

大家沿着回来的路找了好久也没有找到布鲁诺的糖。妈妈看到哭得撕心裂肺的孩子，无奈之下，只好敲响了朋友家的门，又要了几块糖。

一块糖的丢失，竟然让布鲁诺有这么大的反应。

后来又有一次，布鲁诺的姥姥来看外孙。布鲁诺一见到姥姥，就张嘴向姥姥要礼物，当时姥姥身上恰巧装着两块糖，就哄着他让他先吃糖，说晚上再一起去超市买布鲁诺喜欢的礼物。

布鲁诺一听就不干了，"哇"的一声哭了起来。面对布鲁诺的哭闹，一家人都束手无策。

像这样的事情经常发生，尽管父母总是教育，却也没能让布鲁诺改掉这"小霸王"的性子。

宋姐爱心课堂

布鲁诺的行为在现在很多小朋友身上都有所体现。父母越是宠爱，孩子在哭闹时就会越厉害。孩子一不顺心，便会大吵大叫，最后就能得到自己想要的。父母的妥协也使得孩子更加任性妄为。

现在的生活条件越来越好，于是大部分家庭对于孩子想要的东西，都会买回来。久而久之，就会让孩子养成嚣张、任性的性格。正是父母的一时不忍，才使得孩子事事得逞。

养育孩子是每个家庭的大事，每个人都呵护着孩子，每颗心都牵挂着孩子。可是，有些老人却不肯让孩子受半点委屈，舍不得孩子吃半点苦头，祖辈的疼爱也是导致孩子性格嚣张的原因之一。

对于这种现象，有的家长认为，随着孩子年龄的增长，他的这种霸王行为就会自然而然地消失，不会影响孩子今后的生活。斯波克先生建议，孩子的性格要从小培养，有些事情不会随着年龄的增长而消失，反而会更加严重。面对孩子的不良性格，父母要及时引导。

斯波克支招DIY

如果孩子是家里的"小霸王"，会令父母很头疼。与其大声斥责，倒不如找准方法进行教育。

◆换种方式爱孩子

现实生活中，很多家长会为孩子的霸道行为大伤脑筋，但是总有一些方法是可以帮助孩子改正错误的。

◆转移注意力

孩子无理取闹时，家长不要和孩子"硬碰硬"，互不相让，而是要想办法转移孩子的注意力。面对哭闹不休的孩子，家长不妨冷静分析一下，孩子的要求是否合理，合理的就满足，不合理的绝不退让。等孩子完全冷静下来，再告诉孩子不满足他的要求的原因。转移注意力的方法非常实用，可以事后再给孩子分析他的错误，让他明白错在哪里。

◆家长的态度

父母是孩子生活中最直接的模仿对象和第一任老师。作为家长，一定要注意反省一下自己在日常生活中是不是也常常任性、不讲理。父母是孩子学习的对象，所以父母在日常生活中一定要给孩子做个好榜样。

◆从小教育

孩子的教育不是一蹴而就的，父母对孩子的教育要从孩子小的时候就开始。等到孩子长大后再去教育，就为时已晚。从小就教育好孩子，孩子自然不会任性妄为。

斯波克育儿小语

当孩子任性、无理取闹的时候，父母的妥协有时候是最错误的做法，这不但不能彻底解决问题，反而会让孩子变本加厉。所以，要懂得用正确的方法教育孩子。

孩子长大后，会进入各种阶段，父母要理解。

——斯波克育儿语录

⏱ 阅读时间：30分钟　　🎓 受益指数：★★★★★

第三章　开始懂事了（3～5岁）

🏷 宝宝是个倔脾气

宝宝的脾气在很大程度上是受父母的影响，父母脾气温和，孩子自然也是这样的。

📖 故事的天空

一天早上，波纳妈妈送3岁的波纳去幼儿园。出门前，波纳坐在换鞋的地方就是不愿意自己穿鞋。

妈妈说："快点儿穿鞋，没看到我在等你吗？"妈妈越说快点，波纳就越是不穿。

妈妈只好使出"撒手锏"，对波纳说："我数到三，如果你还没有穿好，那就不要穿了，我们光着脚出门好了。"可是，波纳依然没有穿。

眼看时间来不及了，妈妈连忙蹲下来帮波纳穿鞋。可是波纳就是不同意，扭着小脚不让妈妈帮自己把鞋穿上。无奈之下，妈妈只好抱着波纳出门，让他自己拿着鞋。可是即便是快到幼儿园的门口了，波纳仍然拒绝穿鞋。

妈妈没好气地对儿子说："如果还不穿，一会儿

你就光着脚进教室吧,路上会有泥巴、石头,很脏的呀。"不管妈妈怎么说,小家伙是宁肯拿着鞋也不穿上。

后来,妈妈只好先开车把他送到幼儿园,到了班级门口的小木架子旁,妈妈问他:"数一数,我们在第几个木架那里穿鞋?"

波纳用小手指了一下位置,妈妈让他坐在那里,说:"好,我们就在这里穿鞋吧。"奇怪的是,一听到要穿鞋,波纳就又不愿意了。没有办法,妈妈只好请老师来帮忙。后来,听老师说波纳吃早饭时也没有穿鞋,而是吃完早饭,出去转了一圈后才把鞋子穿上。

下午妈妈接儿子回家时,小家伙情绪很高,可是进了家门脱下鞋子后,又不愿意换拖鞋了,非要光脚。想起早晨的事,妈妈态度强硬地说:"回到家有两件事情必须要做,一是换鞋,二是洗手。"

可是,波纳既不换鞋也不洗手,干脆坐在地上哭。妈妈就试探着说:"我和奶奶都已经洗好手要准备吃饭了,我们不等你了啊。"说完,她就去吃饭了。

小家伙哭了一会儿见没有人理他,便说:"不换鞋就洗手。"然后就要去洗手。妈妈说:"不行,必须先换鞋再洗手。"他仍然不同意。

于是,妈妈拿出波纳爱吃的蛋糕来诱惑他,故意对他说:"这个蛋糕真好吃,我们要吃了。"小家伙看见了,有些着急,不过仍然不妥协,就是不穿鞋。这样又哭了一会儿,看着妈妈和奶奶吃得津津有味,也没有人理他,波纳又说:"我穿上一只鞋就洗手。"

妈妈说:"好吧,先穿上一只。"只见波纳很快穿上一只鞋,另外那只依旧拿在手里,向洗手间走去。边走边看着房顶上的灯说:"走到第三个灯穿。"果然,走到第三个灯时,他把另外那只鞋也穿上了。就这样,波纳洗完手,吃了蛋糕,情绪也变好了。

宋姐爱心课堂

小波纳总是不听话,你说朝东,他偏要朝西,你说向北,他偏要向南,脾气非常执拗。

这个时期,孩子最明显的表现就是不与家长合作,甚至是故意作对。不过,孩子并不是真的要与父母作对,这些只是执拗期的一种本能排斥,是一种极其常见的表现。父母要弄明白孩子执拗的原因,对症下药。

随着年龄的增长,孩子自然会进入执拗期。针对这一时期的孩子,斯波克先生认为，如果父母能够理解孩子，明白孩子的心理发展与状态，与孩子和平相处，孩子也就不会再和父母作对了。

斯波克支招DIY

面对孩子成长中表现出的执拗，家长有时会头痛，甚至是束手无策。那么，作为家长，该怎样帮助孩子顺利地度过执拗期呢？以下几点意见值得借鉴。

◆ **家长自身原因**

孩子的执拗，有的时候并不是孩子的原因，问题大多出在父母身上。父母应该找到自身原因，才能对症下药，更好地教育孩子。对于家长而言，首先要转变自己的教育观念和教育方式，掌握孩子执拗期的心理状态，才能找到"对付"孩子的妙招。

◆ **耐心教导**

孩子小的时候，没有主见，没有解决问题的能力，对父母往往非常依恋。父母要利用好这个时期，耐心教育孩子，让孩子从小养成良好的心理状态和脾气秉性。每个孩子的本性都是好的，随着年龄的增长，孩子的性格也会变得越来越好。

◆ **多和孩子沟通**

智慧的父母每天都会和孩子聊聊今天发生的事情，了解孩子内心的变化，这对改善孩子的执拗性格也是非常有帮助的。现在孩子愿意和父母聊天，长大后，父母想要再和孩子聊天，恐怕孩子就没有那个意愿了。

斯波克育儿小语

培养孩子的好心理，要从小抓起，不然到了他们的执拗期，就会遇到很多麻烦。

分享才能让宝宝更加可爱。

——斯波克育儿语录

阅读时间：25分钟　　受益指数：★★★★★

宝宝的分享行为

每个宝宝都有占有欲，他们觉得自己的东西就不应该让别人碰。有些宝宝会更加严重一些，连最简单的分享都不会。对于和父母分享、和小朋友分享，有的孩子完全不懂。

故事的天空

3岁的汤姆手里拿着一辆新买的遥控车，在公园尽情地指挥，自己玩得有滋有味。

就在这时，和他年纪相仿的邻居家的小男孩托尼走了过来。

托尼看到汤姆放在地上的遥控车，兴奋地跑过来说："汤姆，咱们一起玩吧！"

托尼刚要伸手去拿，汤姆就怒气冲冲地朝他大喊："这是我的玩具，谁也不能动！只有我自己可以玩。"说完就把玩具拿了过来。

托尼不但没有生气，反而友好地对他说："我们是好朋友啊，好朋友就可以一起玩。"

可是，汤姆依然很固执，语气坚定地说："那

也不行，我的玩具谁也不能玩！"

汤姆的妈妈看到两个孩子起了争执，赶忙来劝说。但是汤姆态度坚决，就是不肯让步。

无论汤姆的妈妈说什么，汤姆就是不愿意和托尼一起玩，这让汤姆的妈妈很是费解。

宋姐爱心课堂

汤姆的这种行为，也会出现在有些小孩子的身上。他们不愿和人分享，不愿别人碰自己的东西，占有欲非常强。这个时候，父母不要责备孩子，了解孩子的心理，才是最重要的。

当孩子3岁以后，他们就会开始意识到哪些东西是属于自己的，而哪些不属于自己，并且对于自己的东西，他们往往会严加看管，占有欲也很强。3岁左右的孩子已经明白如果把东西分给别的小朋友，自己就没有了的道理。父母要了解孩子的成长心理，才能对症下药。

现在的孩子大多是独生子女，缺乏与同龄人交往的机会，不知如何与人友好相处，更不要提与别人分享了。所以，斯波克先生建议，父母要告诉孩子分享的重要性，让孩子树立起分享的概念。另外，父母对孩子的影响是不容忽视的，所以，父母也要为孩子树立好的榜样。

斯波克支招DIY

想要孩子懂得分享，父母要做的事有很多，耐心地教导、了解孩子都是非常重要的。

◆ **父母的教导**

对孩子的分享教育，要从小开始。到孩子三四岁的时候，自我意识形成，占有欲也会增强，这个时候再教育他们，他们会非常不开心。因为这个时候，在他们的认知里，已经有了自我意识和占有欲。所以，教育要从孩子很小的时候就开始。

◆ **尊重孩子**

斯波克先生认为，让孩子分享之前，家长一定要征求他们的同意。如果孩子不同意，就要尊重孩子的意愿，告诉另一方"很抱歉，孩子不同意"。事后，要告诉孩子他应该学会和别的小朋友分享。

◆ 耐心教导

让孩子理解分享的含义，体验分享的乐趣。家长应该让孩子明白：能和别人分享是有爱心、与人友好相处的表现。如果孩子不愿分享，父母也不要责备，而是应该耐心地教育孩子。

斯波克育儿小语

虽然有些宝宝不愿意与人分享，但是，通过父母的教育，他们能改变很多。所以，家长在孩子的教育中起了很大的作用。

爸妈私房话

宝宝乐于享受交换过程中的快乐。

——斯波克育儿语录

⏱ 阅读时间：25分钟　　🎓 受益指数：★★★★

乐此不疲的交换行为

孩子在成长过程中，总会有这样或那样的情况发生。3~5岁的孩子可能会对交换行为十分热衷，他们会经常拿自己的东西与他人进行交换分享。

故事的天空

安东尼奥4岁的时候，很喜欢和其他小朋友交换物品，无论是他喜欢的还是不喜欢的，他都会乐此不疲地交换。

有一次，安东尼奥刚刚从幼儿园回到家，就迫不及待地向妈妈展示手里的彩色卡片，兴高采烈地问着妈妈："这个卡片漂不漂亮？"

看着儿子兴奋的表情，妈妈便含笑地问："这是你涂的吗？好漂亮啊。"

"不是啊，这是我用爸爸买给我的小汽车换来的。"安东尼奥开心地说道。妈妈听到这个回答后感到很惊讶，想了想又问："这张卡片是你那个小朋友最珍贵的东西吗？"

安东尼奥听后，很骄傲地回答了妈妈："是的，这也是我用我最珍贵的小汽车换来的。"妈妈了然地笑了笑。

就这样，安东尼奥基本上每天都会向爸爸妈妈炫耀自己交换回来的物品。有趣的是，不久之后，安东尼奥的小汽车又回到了他的手

里，而他还是一样的满足快乐。

由于安东尼奥经常和他人进行交换，所以有一段时间，他的小书包总会被塞得满满的。无论是什么，只要是他看上的，就会被他交换过来。交换的次数越来越频繁，父母也已经渐渐地习惯了他的行为，有时候还会主动问他："儿子，你今天有什么收获啊？"这时，他就会开开心心地讲述他今天又和谁交换了什么东西。

半年后的一天，安东尼奥突然对妈妈说："妈妈，我以后再也不和他人交换东西了。"

妈妈好奇地问他："为什么呢？"

"有个小朋友拿了我的东西，说第二天给我带他最珍贵的物品，可是到现在都没有带来。"就这样，安东尼奥便不再和他人交换物品了。

宋姐爱心课堂

对于安东尼奥这种乐此不疲的交换行为，不少家长都遇见过。其实这是一种很常见的现象，并不需要担心。

3~5岁的孩子对于交换东西很热衷，他们不会去管这个东西的价值是多少，是不是等价交换，等等。他们只会把自己认为最珍贵的东西和对方交换，以换得自己喜欢的物品。

实际上，孩子之间的这种交换只是一种交往行为。他们最开始只会通过分享食物来获得友情，慢慢地，他们发现在交往的时候通过分享他们最珍贵的东西，他们的友谊会持续更久。所以，孩子之间这种交换行为就会越来越频繁。通过这种交换物品的行为便能够帮助他们认识人与物、物与物之间的关系，更能够培养孩子的人际交往能力。

斯波克支招DIY

孩子的交换行为在他们的成长过程中是一种正常现象，家长不必担心孩子会吃亏，只要正确引导，帮助孩子度过这一敏感期就好。

◆ **家长要认识孩子这一敏感期**

当孩子开始和身边的小朋友分享食物时，家长就要意识到这是孩子的人际交往敏感期到了。这时孩子的表现是把自己喜欢的珍贵物品与小朋友进行交换，由此寻找到志趣相投的小伙伴，从而获得友情。家长要密切观察孩子平时的反应，注意孩子敏感期发生的时间。

◆ **给孩子绝对的自由**

在孩子频繁用东西进行交换时，无论孩子得到的东西是否与原来的等价，家长都不应该去责备孩子。对孩子的行为，家长不要去强硬干涉，要给孩子绝对的自由，让他们自己去发挥。不要限制孩子，让他们在交换中与他人交往，收获交换过程中的成长体验。

◆ **不要扰乱孩子**

有些家长认为孩子的交换行为只是为了让自己从中获得友情，那么只要教他们一些交友技巧不就可以省去这么多麻烦了吗？表面上看这种想法略有道理，然而家长似乎忘了，孩子的这种交换行为是一种成长过程中的自然现象，是他们拓展人际关系的一种途径。斯波克先生认为，若家长从中阻挠，干涉孩子的交友方式，只会扰乱孩子的自然成长规律，而顺其自然则有利于孩子的健康成长。

斯波克育儿小语

孩子们在人际关系敏感期的交换行为，可以让孩子在交换的过程中积累经验，让他们建立最早的人际关系，帮助他们认识人和事物之间的关系。

模仿能力是孩子天生就拥有的。

——斯波克育儿语录

阅读时间：30分钟　　受益指数：★★★★★

感受模仿带来的乐趣

孩子还在婴儿时期的时候，就已经会模仿成人伸舌头的动作了。在成长的过程中，孩子的主要学习方式就是模仿。

故事的天空

3岁的小杰夫看到什么都感到很新奇，他会有意识地去模仿身边人的动作、语言等。有一次，杰夫的父母带着杰夫看舞蹈比赛时，小杰夫看到参赛者的舞姿，便也随着音乐而翩翩起舞了。

自此之后，杰夫一旦看到有跳舞的，身体就会不自觉地扭动起来，模仿他所看到的动作。

杰夫的父母多次看到他的行为，便开始培养他的跳舞才能。他对这方面越来越感兴趣，每次都会非常认真地学习。由于杰夫善于模仿，加上父母后来的培养，他在舞蹈方面取得了不错的成绩。

宋姐爱心课堂

杰夫的模仿行为是每个孩子在成长过程中都会有的表现，而这些模仿也会对他们今后的生活或多或少地产生影响。

在宝宝成长过程中，父母对宝宝的影响是巨大的。因为父母常常和孩子在一起，所以孩子会对父母的一些表情、语言、行为举止等进行无意识的模仿，而这会对宝宝的将来产生一定的影响。因此，父母在培养孩子的时候，一定要特别注意自己的言行，让孩子模仿自己优秀的一面，为宝宝的将来打下良好的基础。

斯波克研究表明，在成长的过程中，宝宝模仿得越多，他们的想象空间就越广阔，思维就越活跃，生活经验也就越丰富。

斯波克支招DIY

婴儿自出生时就有模仿能力，这种能力会随着他的成长变得越来越强。父母要利用这一点，让孩子的能力在模仿中得到提高。

◆ 给宝宝正面回应

为了宝宝能够更好地成长，对于宝宝表现好的地方，父母要毫不吝啬地表扬和认可。在宝宝模仿时期，父母也可以去模仿宝宝的行为动作，用这种肢体语言来表达对宝宝的认同，给宝宝一个正面的回应。这会让宝宝从中受到鼓舞，知道自己今后怎样去做才是正确的。

◆ 架起超越模仿的阶梯

模仿是宝宝成长过程中必不可少的经历，通过模仿也可以使宝宝为自己的梦想而努力。因为模仿的内容不同也使宝宝的幻想不同，比如模仿歌星唱歌的孩子，会认为自己是个歌唱家，像这样的例子数不胜数。这些幻想丰富了宝宝简单的小世界，这时，家长要鼓励孩子并指导孩子。

◆ 为孩子创造良好的环境

为了让孩子能够在模仿过程中学到更多知识，爸爸妈妈应该创造良好的条件教孩子模仿，让孩子在这些条件下能更好地进行模仿，从而使孩子丰富自己的认知经验，提高他们的能力。

斯波克育儿小语

模仿是孩子的天性。随着孩子年龄的增长，他接触的事物就会越来越多，模仿范围也就越来越大。家长应该帮助孩子去模仿那些好的行为，使孩子在模仿过程中学习到优良品德和崇高精神，促进孩子正确道德观的形成。

善待孩子的错误。

——斯波克育儿语录

阅读时间：30分钟　　受益指数：★★★★

善待"偷窃"行为

宝宝小的时候总是会有一些"偷拿"的行为。在成人的眼里，这和偷窃是一样的，但是宝宝却不明白这个道理。所以，父母需要在一旁指引孩子，告诉孩子正确的做法。

故事的天空

一天，妈妈带玛斯去超市，回家后发现小玛斯的书包里藏了一个毛绒玩具。妈妈猜想可能是玛斯从超市偷偷带回来的。之前妈妈告诉过玛斯好多次，不可以随便拿超市的东西，但她就是改不掉偷拿的毛病。

妈妈："哎呀，你手里拿的是什么？"

玛斯："别人给的。"

妈妈："给的？谁给你的？还是你自己从超市拿回来的？"

玛斯不知如何回答。

妈妈："妈妈早就跟你说过，商店、超市里的东西是不能随便拿走的。你这样是不对的，妈妈真的很失望。"

玛斯："我只是拿来玩玩，妈妈。"

妈妈："我不是跟你说过好多次不能随便拿东西吗？妈

妈教你做个有道德的人，你都忘了是吧？"

玛斯不说话了，呜呜地哭了起来。

妈妈："走，去超市把东西还给人家，然后再向人家道歉。"

从此之后，一提到超市，玛斯就会变得格外紧张。

宋姐爱心课堂

小玛斯偷拿超市的玩具，妈妈对她说的那些话是对的，但是，妈妈的教育方式太过于正式，导致小玛斯对超市产生了一种惧怕心理。

3~5岁的孩子还没有"偷"的概念，他们还不能真正理解"偷"的含义，父母只需让他们明白这样做是错误的就可以了，完全没有必要大动肝火。还有些孩子是为了满足自己的虚荣心，认为别的小朋友有的，他也必须要有，于是就会发生这样的情况。所以父母要多和孩子沟通，明白孩子内心的想法。

换种方式爱孩子，发现孩子偷拿东西的行为时，与其严厉责骂孩子，不如先弄明白孩子的心理活动。悉心引导孩子，这才是最重要的。

斯波克支招DIY

面对孩子的偷拿行为，父母要懂得正确的教育方法，告诉孩子正确的行为准则。

◆ **讲明要害**

父母要跟孩子说明他的行为为什么不对，这样做又意味着什么，让孩子反省自己的行为，这对培养他们的生活态度很重要。父母的态度不需要很强硬，但一定要坚定。教导孩子是父母的任务，不能松懈。

◆ **了解孩子的内心**

要知道，孩子的独占欲望是很强烈的。面对这种事情，父母不应过多责备，等孩子长大一些之后，就会明白自己的行为是不对的。当然，在这之前，父母的教导也是必不可少的。

◆ **循循善诱**

面对孩子这样的行为，父母要明确地告诉孩子你的看法，引导他们反省。父母如何看待孩子，对孩子来说是非常重要的。因为孩子渴望得到更多的爱，所以在父母正确的教导下，他们的表现也就越来越好。

斯波克育儿小语

斯波克先生说，面对孩子偷拿的行为，父母要循循教导，不能发火。父母要了解孩子的内心，多和孩子沟通交流，这样才能更好地教育孩子。

爸妈私房话

爱心是孩子成长路上必不可少的。

——斯波克育儿语录

阅读时间：25分钟　　受益指数：★★★★★

第三章　开始懂事了（3~5岁）

宝宝"伤害"了小动物

培养宝宝的爱心，需要父母的正确引导。如果宝宝不小心伤害了小动物，父母要告诉他们这是错的，然后还要教宝宝辨别什么是正确的，什么是错误的。

故事的天空

上周末，妈妈带托尼到朋友家玩。小托尼看见朋友家养的小鸡，很是喜欢，最后妈妈答应给他买两只，托尼才肯回家。

刚开始的时候，托尼对小鸡喜欢得不得了，总想抱它们。可是，渐渐地，他开始折磨它们，不是拔掉小鸡一根毛，就是把小鸡吓得乱叫，而他自己却是乐在其中。

见此情形，妈妈语气温和地对他说："小动物是我们的好朋友，我们要爱护它们，而不是伤害它们啊！"

可是，即便这样，小托尼的恶作剧还

是没有停止。有时托尼看到小鸡痛苦挣扎的样子，反而会呵呵地笑。妈妈的教育在小托尼面前，仿佛没有一点作用。

宋姐爱心课堂

小托尼的顽皮会伤害到小动物，虽然妈妈教育过小托尼，但是，顽皮的小托尼似乎不以为然，依旧捉弄小动物。

在孩子的成长过程中，父母要一直教导他们爱护小动物，可是，仍然会有一些孩子会做出伤害小动物的行为，这是为什么呢？

斯波克先生认为，第一，是孩子感情的宣泄。现今社会的不少家庭，由于父母工作忙，孩子经常一个人独处，久而久之，他们会缺乏爱，便会通过虐待小动物这一行为来彰显自己的强大。第二，是效仿大人。父母不能以身作则，导致孩子也会效仿大人伤害小动物。此外，孩子的好奇心也会促使他们有这种行为。他们只想看看这样做小动物会有什么反应。

所以，小孩子伤害动物的原因也是有很多的。父母不能一味地责备孩子，应该了解孩子，然后进行正确的教育。

斯波克支招DIY

当孩子伤害小动物的时候，父母应该做些什么呢？了解孩子内心的想法，循循善诱地教育孩子，让他们明白自己的错误，这才是最为重要的。

◆ **父母以身作则**

父母是孩子最好的老师，孩子的一切都是先从父母那里学到的。所以，父母一定要以身作则，这样孩子才能养成爱护小动物的好习惯。家长要告诉孩子，小动物是有生命的，你打它，它会痛，让孩子懂得尊重每一个生命。

◆ **循循教导**

当孩子有伤害小动物的行为时，家长不要过于紧张，也不要急于责备，要循循善诱，告诉他这是错误的。当孩子懂得尊重每一个生命时，他就不会再有伤害小动物的行为了。

◆ **培养爱心**

家长要试着培养孩子的爱心，经常带他们去动物园，让孩子和小动物亲密接触，这样就能在无形中培养孩子的同情心，增长孩子的知识。当他们和小动物变得亲密后，也就不会做出伤害小动物的事了。

斯波克育儿小语

作为父母，一定要给孩子足够的爱，让孩子在爱中成长。每个孩子的本性都是好的，在孩子受到表扬或是批评的时候，父母都要鼓励他们谈谈自己的感受。对孩子不正确的做法，要及时进行纠正。

爸妈私房话

帮助宝宝适应集体生活

孩子也会有烦恼。

——斯波克育儿语录

阅读时间：30分钟　　受益指数：★★★★★

初入幼儿园的烦恼

到了一定年龄，家长就会将孩子送到幼儿园，而这时多数孩子对父母的这一决定会产生抵触情绪，让家长感到很烦恼。

故事的天空

转眼间，杰克已经4岁了，到了该上幼儿园的年龄，所以，他的父母准备将他送到附近的幼儿园。然而到了幼儿园门口，不管妈妈如何劝说，杰克就是哭着不肯进去。

这种状况持续了将近一个月的时间才有了一点好转，至少现在的杰克不会哭闹了。在幼儿园里，杰克认识了不少小朋友。一天，杰克在和小朋友玩耍的时候，有个小女孩

抢走了他心爱的玩具，杰克立刻大哭起来。最后，在老师的"调解"下，小女孩把玩具还给了杰克。可是，直到妈妈来接杰克回家，杰克还是很不高兴，情绪低落，妈妈问他原因他也不说，只是告诉妈妈："我不想去幼儿园了，我不要去了。"对此妈妈感到很是头疼，她并不知道该如何去做，只能尽量哄小杰克，让他乖乖上学。

宋姐爱心课堂

当孩子走进一个陌生的环境时，他的内心会极度缺乏安全感，所以才会哭闹反抗，这是一种很正常的现象，家长不必过于忧心。

孩子在初入幼儿园时都会给家长带来这样或那样的问题，其中，最普遍的就是宝宝不愿意去幼儿园上课。这是因为幼儿园对宝宝来说是一个完全陌生的世界，这种陌生感会让他们感到焦虑，甚至是恐惧。孩子们害怕爸爸妈妈一去不回，担忧自己或父母会发生危险，等等。

在孩子的这个时期，家长要注意对孩子的教育。孩子在3岁之前最好与父母生活在一起，让孩子和父母确立安全性依恋关系，使孩子拥有安全感。父母与子女之间要经营好亲子关系，如此一来也会使孩子在将来表现出良好的社会适应性。

斯波克支招DIY

对于即将上幼儿园的适龄儿童，家长只要提前做好准备工作就可以了，不用过于担心孩子，接下来斯波克先生给家长一些小方法，以此来减少家长的烦恼。

◆ **让孩子对幼儿园产生兴趣**

在孩子到了要上幼儿园的年龄时，父母可以在孩子耳边时常提起幼儿园，并用轻松愉快的方式聊起幼儿园的事情，讲一些趣事，让孩子慢慢地了解幼儿园，并对其产生兴趣。

◆ **多带孩子到幼儿园走一走**

因为对幼儿园很陌生，所以孩子对幼儿园表现得十分抗拒，这种陌生感会让他感觉到害怕，失去安全感。因此，家长可以经常带孩子到幼儿园周边走走，让孩子去看看里面的游戏设施等。还可以告诉孩子在这里能交到许多朋友，让孩子对这里流连忘返，不舍离去。如此一来，孩子就会经常吵着要妈妈带自己去幼儿园，不会再对幼儿园产生恐惧了。

◆ **事先陪孩子购买文具**

家长可以陪同孩子一起去文具店买一些将来可能用到的文具，在家里时，事先让孩子接触这些文具，让他产生兴趣去询问文具的用途。这时家长就要耐心地回答孩子的问题。

斯波克育儿小语

在现实生活中，由于孩子初入幼儿园的不适感，孩子和家长常会产生分离焦虑症。其实，这是很正常的现象，所以家长不必过于担忧，只要慢慢地引导孩子即可。在此期间，家长要为自己和孩子做好心理建设，相信孩子在幼儿园可以更快乐，有更多的成长机会。

爸妈私房话

叛逆期的孩子也有闪光点。

——斯波克育儿语录

阅读时间：30分钟　　受益指数：★★★★

第三章　开始懂事了（3～5岁）

耐心地帮助孩子度过叛逆期

每个宝宝都有叛逆期，这个时候，父母需要耐心帮助孩子，不要同孩子喊叫。孩子小时候的叛逆期，有时就像他们长大后的青春期一样，需要父母的理解。父母的理解就是对孩子最好的关心。

故事的天空

泰勒已经5岁了，妈妈觉得小泰勒好像突然间长大了，独立了。对于一些小事情，泰勒可以自己做，例如刷牙洗脸、吃饭穿衣、收拾玩具……而且还可以自己睡觉。说起话来，更像个小大人，各方面表现得都很优秀。

可是，泰勒不只乖巧伶俐，随着年龄的增长，还多了几分叛逆。尤其在最近这段时间，他总是和父母对着干。叫他吃饭，他却偏不吃。如果不理他，他又会吃饭，而且还会乖乖地说："妈妈，我好好吃饭，不要生气了，不要不理我。"父母有的时候真的不知道该拿小泰勒怎么办才好。

对于泰勒的叛逆心理，爸爸妈妈有时会装出非常生气的样子，但是很

多时候，父母越生气，泰勒越不害怕，反而小脾气更大了。

　　泰勒的逆反情绪不仅表现在父母面前，在幼儿园，他的脾气也变得越来越倔。老师经常会向泰勒的父母反映，在幼儿园里，他常和其他的小朋友打架，不听教导，不让他做的事情，他却偏要做。

　　"这孩子，还没上小学就管不住啦，该怎么办呢？"父母都很头疼。

宋姐爱心课堂

　　在小泰勒的父母发现孩子存在逆反心理的时候，就要尝试着去了解孩子到底想要什么。要明白这个时期的孩子存在逆反心理是非常普遍的现象，而并不是特例。

　　在孩子5岁左右，很多家长会发现孩子变得不听话了，有些逆反了……事实上，这种阶段性逆反主要是孩子心理发展的反映，因为5岁的孩子独立能力大大增强，独立意识也在迅速发展。在自我意识与自主愿望的强烈驱使下，他们开始希望家长能像对待大人那样公平地对待自己，也希望得到大人的尊重与表扬。与此同时，他们也开始证明自己的独立。

　　所以，斯波克认为，对待这一时期的孩子最好的办法，就是父母要学会用同成人相处的方式和他们相处。

斯波克支招DIY

　　孩子的逆反心理是因为他们在长大的同时，懂得的事情越来越多，对这个世界的认识也逐渐完善。而对于这一时期孩子的逆反心理，父母要沉着应对。与其大声训斥孩子，倒不如尝试换种方式爱孩子，相信会有不一样的效果。

　　虽说5岁进入叛逆期是正常的，但是家长也不可忽视。如果家长应对得当，孩子会逐渐成长为一个既自主又懂规则的人；如果引导不好，则可能变得骄纵任性，或是过分顺从、退缩，没有主见。那么，家长又该如何教养孩子，帮他们顺利度过这一时期呢？

◆ 用发展的眼光看待孩子

　　父母要把握孩子的心理变化，理解孩子的心理状态，从而了解孩子的成长需求，并且改变对待孩子的方式。知道孩子变化的原因，才会有化解问题的良策。尊重孩子，以平等的方式和孩子对话，用孩子能接纳的方式进行引导。

◆ 发现孩子的优点

面对有逆反心理的孩子，父母应该注意到，孩子身上也有优点，比如他们的自我意识和自主性增强了。对待逆反期的孩子要讲究教育方法和策略，不能过度干涉，否则只会造成不可收拾的局面。

◆ 和平解决矛盾

父母面对和孩子产生矛盾的情况，应该耐心对待，不能硬碰硬地解决，应该和风细雨地化解矛盾，多和孩子沟通交流，了解孩子内心的变化，这样才能对症下药。

斯波克育儿小语

在孩子的成长过程中，父母一定要了解孩子的心理变化，多和孩子沟通，循循善诱地进行教育，这样才能让孩子顺利度过叛逆期。父母要随着孩子年龄的增长改变对待孩子的态度，多多交流，自然会化解矛盾。

爸妈私房话

让宝宝学会支配自己的东西，不再和别人抢东西。

——斯波克育儿语录

阅读时间：25分钟　　受益指数：★★★★★

爱抢别人东西的宝宝

大部分宝宝在自我意识敏感期时都会表现出争抢其他小孩子的玩具的行为。这其实是很普遍的现象，家长不需要过于担心，要耐心教育孩子，告诉孩子该如何去做才是正确的。

故事的天空

由于亨利的父母工作繁忙，并没有太多的时间来照顾小亨利，所以4岁的亨利便跟着保姆生活。为了让小亨利能够拥有更多快乐的时光，亨利的父母便交代保姆要常常带着亨利外出到周边走一走。如此一来，这不仅让亨利交到了很多的好朋友，也让他认识了不少的新鲜事物，更是培养了亨利的社交能力。亨利的父母为此感到很高兴，常常称赞小亨利。

一天，保姆像往常一样带着亨利和他的好朋友玩。此时令人意想不到的一幕发

生了，亨利在看到小伙伴有自己喜欢的玩具时，就毫不客气地抢了过来，而孩子的哭闹声也引起了大人们的注意，最后在这个孩子家长的劝哄下，小孩子把玩具让给了亨利，两个人又高兴地玩起来，这件事大人们也没有在意。后来，亨利总是出现类似的情况，因此小朋友们都不喜欢和亨利在一起玩了。

亨利的行为让他的父母很是苦恼，后来在多方咨询下得知，亨利的表现其实是很正常的，家长只要耐心地引导孩子就可以了。于是，亨利的父母便开始教导亨利，他们告诉亨利："如果你总是这样做就会失去很多的小伙伴，最后就没有人和你一起玩了；如果和小伙伴分享自己的东西，便是人见人爱的小宝宝。"父母对亨利的教导让他知道该如何去做才是最正确的。

宋姐爱心课堂

亨利和别人抢玩具的这种行为是他处于自我意识敏感期的一种表现，他父母的教导对亨利以后的成长有很大的帮助。

这个世界对于四岁左右的小宝宝来说，一切都是全新的，他们对周边的事物都会产生新鲜感，甚至是看到别人的东西都会认为比自己的好，所以才会出现和别人争抢东西的行为。其实，这只是儿童在自我意识敏感期以自我为中心的本能行为，并没有恶意，这是这个时期的宝宝常会出现的行为，家长不需要过度紧张。

对于宝宝的这种行为，家长要耐心教导孩子，告诉孩子如何去做才能够得到自己想要的东西。此外，在这个时期，家长不要随便打骂孩子，因为打骂反而会使孩子更加叛逆，只会让他们一味地和家长对着干，并不知道自己错在哪里，更加不会去改正。所以家长要注意在这个时期对孩子的教育，它会影响孩子的一生。

斯波克支招DIY

孩子在四岁左右时和别人争抢东西是一种很常见的行为，家长要抓住这个时机正确地引导孩子。下面是斯波克先生给父母的一些小建议。

◆ **教会宝宝如何支配自己的东西**

随着宝宝的成长，家长会给宝宝准备越来越多的东西，这些都是宝宝自己的所有物，但是，现在的宝宝还不知道如何整理、支配好这些东西，这就需要家长的帮忙了。为了让孩子更好地学会支配自己的东西，家长可以与宝宝做互借东西的小游戏，爸爸妈妈要为宝宝做示范，让宝宝理解游戏的规则后，就可以开始做游戏了。宝宝是否同意借出要看宝宝自己的意愿，不要为了逗宝宝而强行将宝宝喜欢的东西拿走，因为宝宝对自己喜欢的东西有支配权。

◆ **教导宝宝在征得别人的同意时方可获得别人的东西**

这时的宝宝正是好动的时候，家长要时时刻刻观察宝宝，切不可放松。当宝宝们一起玩耍时，如果发现自己的宝宝和别人抢东西，家长要及时制止，并要温柔耐心地告诉宝宝抢东西是不对的，如果喜欢，就要询问别人的意见，征得他人的同意，才可以得到自己想要的东西，千万不要打骂宝宝。这个时候，家长还要根据宝宝表达能力的不同来给予帮助，慢慢地引导他表达出自己想要的东西，然后让他自己去向对方说明，最后达到自己的目的。

◆ **让孩子学会与人分享**

在宝宝处于自我意识敏感期的时候，父母可以教给他一些小技巧，让他知道怎样做才可以在与别的小朋友和谐相处的同时还可以得到自己想要的东西。比如，可以让宝宝用自己的小玩具与小伙伴进行交换，让他学会和朋友们轮流玩这些玩具，等等。父母要让宝宝学会与他人分享，并从中获得自己想要的东西。

◆ **让宝宝知道得不到玩具的原因**

在宝宝的自我意识敏感期，我们会常常看到宝宝抢别人东西的现象，虽然这很正常，但是如果家长不去纠正宝宝的这种行为，就会使宝宝受到他人的排斥，这会让宝宝孤孤单单，没有朋友，甚至会对其性格的塑造产生一定的影响。所以家长对宝宝这个时期的教育一定要多加注意，引导宝宝向正确的方向发展。对于宝宝得不到的东西，父母要告诉他得不到的原因而不是放任不管，用宝宝理解的方式让宝宝明白其中的道理，也可以抓住机会教导宝宝，让宝宝学习到更多人生经验。

斯波克育儿小语

四岁左右的宝宝正是处于自我意识敏感期，这时家长要对宝宝的行为给予正确指导。例如，在宝宝抢其他小朋友玩具的时候，家长要告诉宝宝，自己的东西自己可以支配，而想要得到别人的东西是要经过他人同意的，因为物品的主人不是自己。这可以引导宝宝学会如何与人相处，并对宝宝将来的处事原则的形成有所帮助。

爸妈私房话

保证宝宝充足的睡眠时间,是宝宝健康成长的前提。

——斯波克育儿语录

阅读时间:25分钟　　受益指数:★★★★

入睡前听故事好处多

处于幼儿时期的宝宝,其精力充沛的程度是超乎父母的想象的。因此,父母就要想方设法让宝宝入睡,其中,给宝宝读睡前故事就是一个很好的办法。

故事的天空

有一天,已经晚上9点钟了,可比伯似乎仍有使不完的劲儿,精力充沛得让妈妈都无可奈何。

"比伯,快来睡觉,已经很晚了。"妈妈说道。

"我不,我要再玩一会儿。"

"不行,你今天已经玩了很久了,现在已经9点了,快点睡觉,明天再继续玩。"妈妈说道。可比伯却充耳不闻,最后妈妈生气地大喊道:"比伯,快点来睡觉,如果你明天不想玩了,现在就继续。"比伯看见妈妈生气了,于是乖乖地上床睡觉了。

可是,比伯这一晚的睡眠质量并不好。

后来,比伯的妈妈想出了读睡前故事这一招,小比伯觉得妈妈的睡前故事比玩游戏有意思多了,而且从那之后,比伯在睡觉前都非常安静,因为

小比伯会担心自己不听话的后果是妈妈不再给他讲睡前故事。

宋姐爱心课堂

有一些宝宝因精力充沛而惹来父母的大声斥责，比伯的妈妈也是如此。后来，比伯的妈妈通过读睡前故事，让自己的宝宝安静下来，这是一个不错的方法。其实，斯波克先生很早就意识到，在孩子精力充沛的时候，与其对小宝贝发火，不如珍惜一天之中最后一段"亲子时光"，当精彩的童话故事伴随着小宝贝进入甜甜的梦乡时，妈妈可以亲吻一下宝宝的额头，轻声说一句"宝贝，晚安"。

当然，睡前故事有许多的好处。短短的讲故事时间，不仅能让孩子安静入睡，还能促进孩子的智力发展，而且，睡前讲故事能促进父母与子女之间的交流与沟通，使孩子产生一种安全感。

父母在讲故事的同时，还要仔细观察孩子的反应，捕捉孩子的兴奋点，明白孩子对哪些情节感兴趣，培养孩子的阅读兴趣。也可以通过故事中塑造的形象启发和引导孩子，帮助孩子改正缺点。父母要利用这个睡前讲故事的机会，让孩子明白事理，达到正面教育的目的。

斯波克先生认为，年幼的孩子识字有限，孩子的学习能力、理解能力都需要后天的培养，因此，父母的用心讲解就成了孩子扩大知识面最有效的途径。在孩子尚未全面认知这个世界的时候，父母的睡前故事就是孩子了解这个世界的启蒙钥匙。这把钥匙看似平常，却可以促进孩子与父母之间的交流，让孩子更加勇敢地面对这个世界。

斯波克支招DIY

睡前讲故事可以帮助孩子了解这个未知的世界，让孩子明白事理，懂得改正自己的错误，也可以促进孩子与父母之间的交流与沟通。也有些父母觉得自己讲故事太过平淡，孩子不爱听，所以我们就要发掘讲好睡前故事的妙招。

◆绘声绘色

给孩子讲故事，语言生动、表情丰富是很有必要的，这样可以让孩子觉得如临其境、如见其人、如闻其声，不仅能增强故事对孩子的感染力和吸引力，还可以激发孩子去感知和想象故事中的情节。对年龄小的孩子来说，如果能再用一些手势和动作来展示故事中的人物形象，效果更佳！

◆ **有意重复**

当孩子重复听同一个故事的时候，能在重复听到的故事中产生愉快感，增加兴趣，检验自己的记忆并且实现自己的期望。其实，孩子小时候的学习能力是惊人的，父母重复讲述的几个故事，孩子也会在不久之后讲述出来。

◆ **耐心启发**

给孩子讲故事需要耐心，父母在讲故事的时候要穿插着向孩子提出启发性的问题，答对了要及时表扬，答错了也要耐心解答，并且在下一次讲故事的时候再问答一次。当然，问题的难度要随着孩子的成长循序渐进。一开始，问题可以简单些，目的在于调动孩子的思维，让孩子养成边听故事边思考的习惯。然后再让孩子尝试填充故事、续编故事、接龙故事等，以此来培养孩子的想象力和思维能力。

斯波克育儿小语

睡前讲故事能促进父母与子女之间的交流与沟通，培养孩子的阅读兴趣，也可以增强孩子对未知世界的好奇心。睡前讲故事，通过故事中塑造的形象启发和引导孩子，帮助孩子改正缺点，达到正面教育的目的。

爸妈私房话

第三章

开始懂事了（3~5岁）

第四章

学习影响成长
（5～6岁）

即将结束幼儿园生涯、步入小学的宝宝们，虽然身体发育的速度减缓，但是心理发育正在逐步完善。他们开始关注更多的事情，开始懂得学习，开始会调节自己的情绪……同时也开始给爸爸妈妈们惹来更多的麻烦。

数学敏感期

数学的逻辑性非常强，学习数学讲究的是方法，讲究的是循序渐进，而非一步登天。

——斯波克育儿语录

阅读时间：30分钟　　受益指数：★★★★★

从宝宝已经掌握的知识入手

学习数学的前提是让宝宝对数学感兴趣。数学的内容连贯性很强，所以应该一步一个脚印，从宝宝知道的知识开始学习。在此过程中，父母要及时给予孩子鼓励，树立宝宝学习数学的自信心。

故事的天空

克莱曼家的宝宝异常聪颖，不到3岁，就能够从1数到100了，这可是羡煞旁人啊！许多妈妈都来到克莱曼的家里，向她取经。

原来，克莱曼教宝宝数学的时候，首先就是注重趣味性，要引起宝宝的兴趣，才能够让他自发地学习。其次是所学的知识都是宝宝知道的或者已经掌握的，所以这也激起了宝宝极大的学习兴趣。

宝宝刚学会从1数到5的时候，克莱曼便买来了5个苹果和带有数字的积木，还有1个钟表，放到宝宝的面前，让宝宝找出5个相同的事物。刚开始，宝宝随便找了5个事物堆在一起，钟表、积木、苹果都有，克莱曼看此情景，知道宝宝虽然学会了数字，但是却不明白同类是什么。于是，在宝宝懂得数字5的前提下，克莱曼便开始给宝宝说什么是相同的，什么是不同的，后来还教给宝宝钟表上的数字如何读。

在克莱曼看来，只要你所教授的知识是宝宝所熟知的，就更容易引起宝宝的兴趣，不致让宝宝感到乏味，进而产生抵抗情绪。

宋姐爱心课堂

父母在教宝宝数学知识的时候，一定要循序渐进，从宝宝已经掌握的知识入手，并据此引出新的知识，让宝宝了解知识的前后联系，这样可以帮助他们顺利地学习，也只有这样才能够让宝宝打下坚实的基础。比如，了解数字的大小和组成是学习加减法的前提。所以，在教宝宝加减法的时候，一定要让宝宝知道数的大小和数的组成，这样再慢慢地学习加减法的运算。

此外，5～6岁的宝宝也有很多特点。比如对10以内的数字基本上都能够掌握；计算的能力有所发展，能够从表象向抽象过渡；数字的概念、序列的概念等都有不同程度的发展和加深。一般情况下，通过引导宝宝学习，宝宝都可以数到100甚至是100以上，而且学会10以内的加减法，甚至是100以内的加减法。

斯波克支招DIY

那么，作为父母，该如何循序渐进地教导宝宝学习数学呢？斯波克先生给了几点建议。

◆让宝宝认识10以内的相邻数

应该先让宝宝懂得10以内的双数和单数的含义，掌握10以内的相邻数，比如和8相邻的有9和7，还要理解数的大小，比如7比6大、10比9大等。除此之外，还要教会宝宝10个阿拉伯数字的书写。

◆教给宝宝10以内的数字组成和加减运算

让宝宝认识加号、减号、等号，用这些符号可以做公式，学会简单的加减法题目。宝宝在算术、数数、比较等方面有了一定发展，但因为思维能力的限制，父母在和宝宝的接触中，应该注意采用归纳的方法，将宝宝所积累的知识和经验进行归纳提高，利于宝宝初步认识一些抽象的概念、规律和法则。比如，数字的概念、加减运算法则、自然数列的规律等。

◆ **适当地采用演绎法**

在采用归纳方法的同时，还需要适当地采用演绎法，教宝宝运用已经学会的概念、法则，学习从一般到个别的分析推理方法。父母在设计游戏的时候，一定要紧贴宝宝的心理、生理发展水平，符合宝宝学习的要求，充分调动宝宝的感官来感知事物的数量关系和空间关系。

斯波克育儿小语

宝宝在学习数学的时候应该建立在愉悦的心情上，这样才能够激发宝宝学习的欲望和潜力。作为父母应该知道，当宝宝不愿意学的时候，必须停止你的一切教学。

在日常生活中，数学随处可见。

——斯波克育儿语录

阅读时间：30分钟　　受益指数：★★★★

第四章　学习影响成长（5～6岁）

引领宝宝进入数学王国

数学是孩童时期最基础、最重要的学科，可是很多小孩子却对数学不感兴趣，有的孩子将大把的时间都花费在数学学习上，可还是没有取得好成绩。其实，这并不代表你的小孩不聪明，而是因为没有找对方法。

故事的天空

沃特森有一对双胞胎儿子——哈瑞和汤姆，两个小家伙长得虎头虎脑，可爱极了。哈瑞和汤姆已经5岁了，刚进入幼儿园大班。自从他们上学后，沃特森便开始记录他们每一天的成长，包括每一天所说的话语和发生的趣事。

有一天，哈瑞抱着一个足球问汤姆："哥哥，你说这个足球有没有100斤重？"

汤姆眉头稍微皱着，看了弟弟一眼，说道："怎么可能，没有那么重。"哈瑞接着问道："那50斤总该有吧？"汤姆继续说道："没有，没有那么多。"哈瑞还是不放弃地说："那哥哥，会不会有25斤那么重？"汤姆正在玩变形金刚，他一次次地被弟弟打扰，心里早就不耐烦了，他说："都告诉你了，没有，不要再

问我了。"可是，哈瑞依旧"穷追不舍"，他又问道："哥哥，你是怎么知道没有的呀？"哥哥答道："让你提一桶10斤的水，你都嫌费劲，这个足球你都抱了那么久了，还不累，这么说石头也重不到哪儿去。"

宋姐爱心课堂

两个人的对话，恰好被他们的母亲沃特森听到了，并且记录了下来。看，这是多么可爱的孩子啊！虽然宝宝们对数字还没有明确的概念，但是很显然，他们已经对此充满了浓厚的兴趣。

一般情况下，宝宝在5岁左右会进入数学敏感期。在这段时期内，宝宝会对数字、排序、算术等产生浓厚的兴趣，而且宝宝对于数字背后的变化也有着强烈的求知欲，这也就代表着，宝宝学习数学的时间到了。

与此同时，对于处在这一时期的孩子来说，他们也都会出现一种数学思维，便是无限制地排序：个、十、百、千、万一直到亿、十亿等，直到他们用语言无法表示出来为止。或许，在一部分家长看来，这个游戏是多么枯燥乏味，可是宝宝却从中体验到无穷的快乐。不过，如果家长没有好好把握住数学敏感期，那么孩子在今后的学习过程中很可能会惧怕数学，一提数学就会头疼。

在很多父母看来，数学远没有语文那么有趣，那些乏味的数字总是把人弄得晕头转向。实际上，在宝宝的眼中，数字又是另一种模样。当孩子对这个世界有了充分接触以后，思维就会上升到一个状态，他们会把兴趣放在抽象的符号中。更何况，宝宝5岁之后，大脑的发育也逐渐完善，具备了永久性记忆的能力，这个时候的宝宝完全有能力学习抽象的事物，而且也能够将抽象的知识记住。此外，斯波克先生认为，幼儿刚刚接触数学的时候，他们所表现的态度往往是十分积极主动的。

学习数学不仅可以帮助宝宝理解数的含义，还能够通过一些简单的几何体来学习事物的空间关系。另外，数学可以发展孩子的逻辑思维，可以培养孩子的观察力、注意力、记忆力以及想象力。

斯波克支招DIY

从这里也可以看出，给孩子创造一个轻松快乐的数学学习氛围，是能够引起孩子的学习兴趣的。那么，作为父母，如何培养孩子的数学学习能力呢？

◆ 利用生活中的数学，激发宝宝的学习动力

当你去逛超市的时候，可以让孩子和你一起去。有些宝宝喜欢商品的价格条码，有些宝宝能够记住汽车的车牌号，有些宝宝喜欢储物柜上的号码牌等。遇到这些情况的时候，父母应该及时抓住机会，引导宝宝主动接触数学，激起他们学习数学的动力，让他们更加积极地投入到数学的学习中。父母应该知道，宝宝的学习动机主要源于兴趣的培养和需要。

◆ 用游戏培养兴趣

数学是一门比较抽象的学科，所以在对宝宝进行数学教育的时候，不妨把数学知识融入到游戏当中去，给孩子具体、有趣的数学享受。例如，父母可以把一个塑料盆和一袋苹果放在孩子的身边，让孩子把苹果一个个放进盆中，得出苹果的数目，然后再让宝宝把苹果一个个取出来，这样可以让宝宝明白，一堆苹果可以分成若干个苹果，而若干个苹果又能够组成一大堆苹果。

◆ 创造自然轻松的教学环境

宝宝在学习的时候，周围的环境要保持安静，以免影响宝宝的注意力。另外，父母作为引导者，也不可穿过于花哨的衣服，不要佩戴花哨的首饰，避免影响孩子的专注度。再者，宝宝心情好的时候，父母可以趁机教宝宝数学，反之，父母就要停止，应该先帮助宝宝调整情绪状态。

◆ 练习时间不宜过长

每一次数学练习的时间都不能太长。刚开始的时候，一天三次，一次只需要几分钟的时间就可以。而且，父母最好在孩子意犹未尽的时候停止，这样才能够刺激孩子继续学习的欲望。

斯波克育儿小语

值得注意的是，当宝宝在同龄人或者是大人面前说起一些天方夜谭的话题时，父母千万不要随意打断，而是应该鼓励孩子继续说下去，并且引导孩子去争论、探讨和表述。此外，父母不要强制性地逼迫孩子学习，这样只会让宝宝产生厌恶的情绪，这对宝宝以后的学习十分不利。

变缓的发育历程

随着年龄的增长，大脑和神经系统的发育，尤其是生活主导活动及生活环境的变化，使得学龄期儿童的心理活动有了新的发展。

——斯波克育儿语录

阅读时间：30分钟　　受益指数：★★★★★

学校教育带来的变化

学龄前儿童的学习是融于游戏活动之中的，因此父母要做到寓教于乐，让孩子可以在游戏玩耍中获得知识。而学校学习与之不同，是在老师的指导下有目的地、系统地掌握知识技能，这个阶段的学习有时是带有强制性的，儿童不仅要学习自己感兴趣的课程，而且还要学习自己不感兴趣的课程，甚至还要达到一定的标准。

故事的天空

最近一段时间，苏菲很着急。前些天刚把自己6岁的儿子送入小学的大门，这原本是一件很高兴的事儿，可是，苏菲却高兴不起来，因为她发现上小学之后的儿子"性情大变"。

这天晚上，苏菲按往常一样来到儿子的房间，想要给儿子讲故事。她走进房间之后，只见儿子自己拿着童话书，看着拼音，一个字一个字地读起来。苏菲上前道："宝贝，还是让妈妈读给你听吧！"谁知儿子把童话书往身后一藏，说道："妈妈，我都已经上学了，我自己可以看的。"苏菲说："可是宝贝，你才刚上学，有很多字还不认识，让妈妈读给你好不好？"儿子又说道："不用，我自己看就行，妈妈你出去吧，不要打扰我看书。"

这样的情况，苏菲已经经历了好几次，儿子再也不像以前那样和自己亲热了，这让她感到非常伤心。隔壁家的小朋友也上小学了，可是两个人的表现完全不一样。别人家的孩子放学后都会给母亲讲学校发生的事，可是自己的儿子接受学校教育之后怎么会变成这样呢？难道每一个小孩进入学校之后都会有所变化吗？要如何适应这种变化呢？

宋姐爱心课堂

其实，苏菲遇到的这种现象并不罕见，很多宝宝上学之后，注意力会从感兴趣的事物转移到那些与感情无关的东西上，从家庭的束缚中解放出来，成为一个具有个人尊严的负责任的独立个体。

具体表现主要有以下几种：

（1）拒绝感情

6岁以后的儿童对父母的依赖意识越来越弱，甚至对父母有些排斥。同时，他们也更加关注其他孩子的言行，并对自己认为重要的事情产生了强烈的责任感。他们对自己非常苛刻，以至于是否要从小裂缝上迈过去这样无关紧要的小事都会给他们带来困扰。他们的兴趣开始转向类似算术和发动机这些与感情无关的东西，从家庭的束缚中解放出来，成为一个外部世界中的有责任感的公民。

（2）善变的天使

6岁儿童的心情常被称为"晴时多云偶阵雨"，前一阵还高高兴兴的，过会儿就因为一点小事儿而发脾气，尤其是被责备时情绪更为激动。比如妹妹分到的蛋糕比自己的大；正在专心堆积木时，被别人不小心碰倒；叫妈妈时，妈妈未能即刻出现。这些都会成为他发脾气的原因。

这时大人可能想用权威来压制，但是这么做，对于一个正在发脾气的孩子是没有什么效果的，因为他根本听不进别人的讲话。至于怎样做才能让孩子平静下来，必须视孩子的个性而定，没有绝对的方法。例如，比较内向的孩子让他独处一会儿就能很快平静下来；相反地，有些孩子一独处反而闹得更加厉害，大人最好设法了解他们的个性与当时的心情。不过，不论是哪一种类型的孩子，在他发脾气时恐怕没人可以应付得了。重要的是，等他的情绪稳定下来，一定要让他反省自己，让他自己说出如何才能杜绝。大多数的孩子脾气发过之后，只要心平气和地教育他，他都能承认错误并存有改过之心。

（3）相处有多么不易

不要动不动就去深究6岁孩子的行为，应以宽大的胸襟去包容。当然，也不要对6岁孩子所说的话太耿耿于怀，尽量以幽默的方式去解释，以保持愉快的心情。

如果讲一次就让6岁的儿童领悟或立刻改悔，这是一件不太可能发生的事情。大人一旦忍不住发脾气地说："一定要给你一点教训！"他们就会斜视大人，进而采取对立的态度。这时，孩子完全不会考虑到大人生气的目的是教育，而只是一味地与大人的态度、言语和感情对立。

斯波克支招DIY

父母应该避免与孩子形成对立的局面，多找机会与他们交谈、沟通，必须要有忍耐孩子耍脾气的肚量。当孩子发脾气时，父母要认真分析原因，针对孩子的种种表现，反思自己的教养方式。让我们一起来看看应该怎么做吧！

◆ 理解、尊重孩子

孩子从两三岁时，就开始和父母顶嘴、说反话，喜欢说"不"，这是孩子心理成长的必然阶段，这说明他的自我意识开始发展，有了自主愿望，对于喜欢做的事情，不希望别人来干涉。此时若不了解原因就对孩子训斥、惩罚，则会伤害孩子的自尊心和自信心，使他变得更爱发脾气。

针对孩子的这种行为，正确的做法是：关注他的"反抗"心理的同时，对他的好奇心、合理行为和要求予以满足；对其他不合理的要求，要心平气和地和孩子沟通交流，问明原因，然后采用适当方式加以引导。

◆ 不娇惯、放纵孩子

孩子爱发脾气有时候是家长对孩子过分宽容和娇纵的结果。家长没有原则地迁就孩子，误将民主等同于无条件地容忍孩子，听之任之或百依百顺容易导致孩子形成骄横的性格。

针对孩子的这种行为，正确的做法是：对孩子提出的合理要求要坚决执行；对无理要求，在劝说无效的情况下，用"冷处理"来明确表示你的态度，终止他的无理取闹。

◆ **进行耐心细致的正面教育**

孩子是非判断能力差，模仿能力强，家长发脾气的行为很容易被效仿；家长用训斥、打骂等方法压制孩子的正当需要或对待孩子的缺点，会使孩子产生逆反心理，以执拗来对抗家长，通过发脾气来发泄不满。

针对孩子的这种行为，父母可以选择这样做：以表扬鼓励为主，心平气和地说明不能满足他的原因；帮助孩子分清是非；针对孩子的性格特点，用孩子感兴趣的事物来吸引他，设法转移孩子的注意力。

斯波克育儿小语

孩子的成长过程宛如一座山，有小坡，也有大坡，而6岁的孩子就处在大坡的阶段，这对他们而言是个混乱期。一旦度过这个混乱期，他们就会步入另一个转折点。

宝宝过于专注某一件事情时，虽然做事效率高，但是他们也会因为过于专心而忽略了其他事情。

——斯波克育儿语录

阅读时间：30分钟　　受益指数：★★★★

过度专注也不好

刚出生的婴儿，眼睛一睁开就会四处乱看或者盯着面前的东西，一些外界刺激能够引起婴儿的生理反应。例如，婴儿在吃奶的时候，一旦身旁有声响，他会放慢吃奶的速度，甚至会停下来。婴儿集中注意力的时间最多只有十几秒，不过，随着婴儿的不断成长，集中注意力的时间也会随之增加。

故事的天空

奥兰的儿子5岁了。虽然大家都说孩子注意力集中是好事，但是奥兰却为此发了愁。她的儿子班德每天就喜欢摆弄一些不规则的纸片，或者是自己折的纸飞机，吃饭的时候，奥兰喊很多次他都听不到，后来好不容易把班德"请"上了饭桌，他手中还是拿着纸飞机，边吃饭边摆弄。如果奥兰让他放一边，他便立刻哭闹着不肯吃饭。奥兰没办法，也只能任由他这样。

让奥兰担心的不仅仅是这些。有一次，她带着班德去外婆家。离开家时，班德死活都要拿着自己的飞机模型。奥兰心想，

外婆家没有小朋友，让他拿着飞机模型也不错。可是，就是这个飞机模型差点惹出了大麻烦。

到了外婆家，班德在院子里玩他的飞机模型，可是一转眼的工夫，班德就不见了。

奥兰吓得赶紧跑出门去，只见班德低着头摆弄着自己的飞机模型，此时，一辆汽车从前方驶了过来，由于班德过于专注，竟然没有丝毫察觉，奥兰大喊一声："班德小心！"随即跑过去抱起了他。幸好，车的速度并不快，及时刹住了，才没有酿成大祸。

奥兰惊出了一身冷汗，孩子的专注力太过于集中，以后怎么放心他一个人在家或者是上学呢？奥兰到底该怎么办呢？

宋姐爱心课堂

是的，如果宝宝过于专注一件事情的话，很容易将身边的事物甚至是危险忽略掉，这样一来，不利于宝宝自身的安全。

斯波克认为，在宝宝过于专注某件事情的时候，父母万不可表现出不耐烦的情绪。你要明白，小孩子的心都是异常敏感的，他的观察力也十分敏锐，对于你所表露出来的不良情绪，他都能够察觉到。宝宝一旦对父母心生反感，不仅不会听话，反而会更加专注于自己感兴趣的事物。

所以，当宝宝专注于某一件事情的时候，父母可以陪着孩子一起完成这件事情。在玩的过程中，父母可以就过于专注这个问题作为故事的起点，给孩子讲解其中的危害。不过也应该肯定孩子的专注力强是一件好事情，让宝宝明白，不管什么事情都应该有个度，一旦过度，好事情就会变成坏事情。

斯波克支招DIY

当专注力太强变成危害宝宝生命安全的因素时，也就不再是一件好事情了。可是，面对过度专心的孩子，父母们该如何做呢？斯波克先生给出了以下意见。

◆ **注意对宝宝的安全教育**

宝宝的注意力过度集中，对于宝宝来说可能是一件很危险的事情。比如，宝宝在家里玩玩具的时候，根本就不会注意周围的危险因素，开水壶、扫把、木棍等，这些都是宝宝的安全隐患。甚者，宝宝在过马路的时候，因为过度专心而无法注意来往的车辆、红绿灯等。对此，父母可以选择在日常生活中给宝宝讲解一些案例，比如不看红绿灯导致出车祸等，有选择性地讲给宝宝听，让他明白保护自己的重要性。

◆ 给宝宝限定一个时间

父母在送给宝宝玩具的时候，要给宝宝限定一个时间。比如，宝宝最近迷上了飞机模型，那么父母就可以对他说："这个飞机模型只能在家里玩，每天可以玩一个小时。"而在玩的时候，父母也可以陪同宝宝一起，让宝宝尽快熟悉这个玩具。这样，当宝宝完全了解这个玩具的时候，他的注意力也就不会过分集中到这上面了。你要明白，宝宝是极具好奇心的，只有让他明白了，他才不会过分专注。

◆ 学会转移宝宝的注意力

父母可以采用转移注意力的方法来保证宝宝的安全，尤其是上幼儿园之后的宝宝，过马路就是家长极为担心的一点。父母可以每天给宝宝提出一些问题，比如每天过马路的时候，宝宝是不是没有注意红绿灯就立刻过马路了？红灯亮了，有几个人闯红灯了？这些问题都可以转移宝宝的注意力，让他不再一直盯着手中的事物。

斯波克育儿小语

注意力过度集中和注意力不集中，这二者对宝宝来说都不是什么好事儿。注意力过度集中很容易被周围的事物所伤害，而注意力不集中，又不能安心做好一件事情，这二者都不利于宝宝的成长。作为父母，应该注意纠正宝宝的坏习惯。

宝宝的情感和社会性

第四章 学习影响成长（5～6岁）

嫉妒是一种很不健康的心理，过分嫉妒不利于幼儿的成长，父母要及时帮助孩子改正。

——斯波克育儿语录

阅读时间：**30**分钟　　受益指数：★★★★★

嫉妒心理：宝宝成功路上的绊脚石

现在的宝宝大多是独生子女，都是在长辈的宠爱中长大的，他们接受不了别人比自己做得好，也不愿意听到夸奖别人的话。嫉妒心理是宝宝们的通病，妈妈们一旦发现孩子有这种心理，就要及早地进行疏导，别让嫉妒心理成为宝宝成长中的绊脚石。

故事的天空

6岁的达维就像个小大人，懂得的东西可多啦。最为重要的是，达维的好胜心非常强，不管做什么都要比别人强。

周日，妈妈带达维在小区与小朋友们玩耍，每个人都拿着自己的小铲车铲土玩，只有达维带的是吉普车，他只能蹲在一旁看小朋友们玩。当西顿问达维是不是没有铲车，要不要与他一起玩的时候，达维竟然生气了，怒

气冲冲地说:"哼!谁说我没有,只是没带来而已,我这就回家取。"于是,达维拉着妈妈回家取自己的铲车了。等他回来的时候,发现西顿已经不在那儿了。达维还是很生气,说:"胆小鬼,以为我没有小铲车,我说回家取,他就吓跑啦。"达维话音刚落,西顿就从远处走过来,达维发现西顿换了一辆铲车,看上去很高级,这下他心里更加不平衡了,心想:为什么他有那么好的铲车啊?

达维的判断一点都不错,西顿的铲车是遥控的,能自己铲土。这让所有的小朋友都羡慕不已,都要和西顿一起玩他的遥控铲车,唯独达维没有参加,他似乎很气愤。回家的途中达维问妈妈:"为什么他可以拥有那么高级的玩具车,而我没有呢?"

宋姐爱心课堂

显然,达维出现了嫉妒心理,嫉妒别人的玩具比自己的好。在达维的心里,自己是最好的,自己的东西也应是最好的,他内心里不允许别人比自己强,比自己好。

事实上,嫉妒之心就像爱美之心一样,人皆有之,即使是宝宝也不例外。生活中我们可以发现,当宝宝看到妈妈抱起别人家的宝宝时,就会哭闹,要求妈妈抱自己,那也是一种嫉妒。这样看来似乎嫉妒算得上是一种正常的情绪反应,虽说是正常、可以理解的,但爸爸妈妈也不可以采取听之任之、放任不管的态度。因为这种心理的长期存在,会影响一个人的人格。宝宝嫉妒心过强,会使他产生不良的情绪,进而影响他的身心健康。

宝宝们的嫉妒与大人的不同,他们会表现出来,因为他们不能有效地控制自己的情感。而大人在非常嫉妒时,却能控制自己的情感,虽然心中不高兴,但还是会尽量隐忍。

比如,看到别人的玩具自己没有,而妈妈又不给买,许多宝宝就会不理有那些玩具的宝宝,甚至想把人家的玩具弄坏。如此看来,宝宝的嫉妒心很容易产生攻击性和破坏性。

斯波克支招DIY

面对宝宝的嫉妒心,妈妈应该对宝宝进行正确的引导,让宝宝意识到嫉妒心的危害。在纠正宝宝嫉妒心方面,斯波克先生提出了这样的建议。

◆ 为宝宝营造一个良好的环境

一般来说，宝宝产生嫉妒心理和行为，一方面是来自自身的消极因素，另一方面是来自外部环境的消极因素，在这两者相互影响、相互作用的过程中，宝宝的嫉妒心理就产生了。如果一个家庭中，每个成员之间都互相猜疑，瞧不起对方，或在宝宝面前议论、贬低别人，就会对宝宝的心理造成一定的影响。因此，预防和纠正宝宝的嫉妒心理，首先需要一个团结友爱、互相尊重、谦逊忍让的环境气氛。

◆ 经常对宝宝进行谦逊美德的教育

在日常生活中对宝宝进行教育，让宝宝明白即使别人没有称赞自己，自己的优点还在，只是人们还没有发现而已。同时，要让宝宝懂得，每个人都有自己的优点、长处，不要因为看到自己有一方面不如别人，就忌恨别人。

◆ 帮助宝宝树立正确的竞争意识

一些爸爸妈妈认为宝宝有争强好胜的心理是一件好事，但是这种性格也容易使宝宝产生嫉妒心理。爸爸妈妈应该正确引导和教育宝宝认识自己的长处与不足，同时要让宝宝懂得欣赏别人的长处，让宝宝通过自己的努力和实际能力与别人竞争。

斯波克育儿小语

嫉妒是一种消极、有害的心理。它不仅会破坏人与人之间的关系，还会伤害人与人之间的亲情、友情。宝宝强烈的嫉妒心，既伤害了别人，又折磨了自己，同时还使宝宝的情绪常常处于低落的状态，时间一长，很容易使宝宝丧失自信和前进的动力。父母应尽快帮助宝宝克服嫉妒心理，让宝宝健康快乐地成长。

每种性格都有自己的优势，父母们不应强求。

——斯波克育儿语录

阅读时间：30分钟　　受益指数：★★★★

腼腆而害羞的宝宝更需要谅解

每种性格都有自己的优势，父母不要偏执地认为外向型的性格就一定比内向型的性格好。对于腼腆而害羞的宝宝，父母要采取理解的态度，并且尽可能地帮助宝宝改善过于害羞的性格。

故事的天空

莉莉5岁了，她和家人在家时有说有笑、蹦蹦跳跳的，很是活泼。但是每次家里来了陌生客人或是换个环境，莉莉就表现得扭扭捏捏，这让爸爸妈妈感到很困扰。

一天，妈妈带莉莉去露西阿姨家做客，莉莉第一次见到露西，心里有些害怕。虽然她觉得露西阿姨对自己很友善，但在妈妈要求自己向阿姨打招呼时，莉莉还是很胆小地缩在了妈妈身后。妈妈一直在劝说她："莉莉快和露西阿姨打招呼，她是妈妈很好的朋友，妈妈在家是怎么

教你的？没有礼貌的孩子不是好孩子。"可莉莉紧紧抓着妈妈的衣角，就是不肯吭声。妈妈又劝说了几次后，莉莉终于受不了大哭起来。

宋姐爱心课堂

从8个月开始，婴儿会表现出认生，这种情况在心理学上称为陌生人焦虑症。一直到3岁，孩子都可能有陌生人焦虑症。如果5～6岁的时候还有这种行为出现，就表明这个孩子的性格是比较害羞的。根据美国心理学家的研究证实，在婴儿期对声音、气味及影像有比较强烈反应的孩子，长大之后很可能是一个性格内向的人。相反，则可能是性格外向、开朗健谈的人。

这项研究表明，生理原因在一定程度上决定害羞的性格特质，但遗传不能决定一切。因为性格的发展与后天的成长有关，家长的教育方式、外在环境的氛围都会对孩子产生很大的影响。高反应性的婴儿长期被授以外向型教育，有可能发展为对人对事落落大方的人。而低反应性的婴儿，如果一直感受到周围环境的焦虑，或被家长过度保护，那么就会变成容易害羞的人。对于害羞的孩子来说，大人最应该做的是给予他更多的关心爱护和教育鼓励。

莉莉的害羞是由陌生的客人和环境引起的，所以父母也应多让她与陌生人接触。虽然害羞不是太大的问题，但是过分害羞，也会妨碍孩子正常的社会交往。时间久了，还会出现过分沉默、胆小、缺乏自信、没有主见等问题。

在孩子性格形成的关键期，斯波克建议，父母应该鼓励孩子跨过害羞这道影响人际交往的障碍。

斯波克支招DIY

孩子害羞的性格在一定情况下是可以改变的，这需要父母的大力帮助和积极引导。不过千万不要强迫孩子做不适合他的改变，更不要认为害羞的孩子就没有发展前途。

◆ 应有颗谅解的心

害羞的孩子对一些事没有头绪，他们不知道该怎样表现，作为家长，要尊重孩子的性格，而不是一味地将孩子与开朗的孩子比较，讽刺和责骂更是起不到任何好作用。当孩子不敢和陌生人打招呼时，不要责骂孩子不懂礼貌，可以对他说："和陌生人交流一开始确实很不容易。"然后告诉他怎样做可以更自在一些。

◆ 避免过度保护和帮助

父母通常怕孩子受到伤害而无时无刻不在保护孩子，任何事情都要替孩子做。但是孩子遇到一点困难就帮助，只会让他们更放不开自己。让孩子凭自己的努力去对付中等强度的挑战、挫折和压力是十分必要的，父母只需站在一旁支持他们就可以了。

◆ 让孩子接触不同的环境

生活环境的单一也会造成孩子怕生，特别是独生子女，没有兄弟姐妹做玩伴，通常都是一个人在家，缺乏与人交流的机会，一出家门，便不敢接触陌生人和陌生的环境，显得比较害羞。所以孩子小的时候，父母就应该带他接触不同的环境，让孩子有面对各种环境的经验。

◆ 采取循序渐进的方式

邀请小伙伴到家中陪孩子玩耍，让孩子从中学习如何招待朋友和分享玩具。让孩子们轮流做动作或表演节目，即使轮到他的时候放弃了也没关系，只要他感到快乐就好。由熟悉的环境和玩伴开始，逐步接触陌生的环境。但千万不要刚开始就带害羞的孩子到过于严肃或过于活泼的环境中去。

◆ 尽量让孩子去实践

父母要放手让孩子经历一些有风险的事情，只有经受锻炼才能进步。让孩子完成一定的任务，如给亲戚打电话、买东西、问路等，父母可以先给孩子做示范。平时利用讲故事、看电视的机会，教育孩子如何处理人际关系。通过观察，让孩子学会社交技能不是难事。

◆ 事先熟悉新环境

新的学习环境、老师、同学，对害羞的孩子来说都需要一段时间才能适应，事先熟悉新环境绝对是很有必要的。如刚从幼儿园的小班升到中班，课程内容、上课时间及学习评价方式等都与从前有很大的不同，所以在开班前就可以带孩子去新的班级逛逛，这样孩子就不会感到特别焦虑。

◆ 和老师密切配合

尽管害羞并不影响智力，但研究显示，人们常常认为害羞的孩子不如开朗的孩子聪明。他们通常都被老师忽视，因为他们没有被关注的要求。因此老师和家长的配合是非常重要的。

◆客观看待孩子的害羞

害羞虽然在很大程度上是天生的性格特征，但它并不对孩子今后的发展起决定作用。如果有父母的全力支持，孩子仍然十分害羞，或是对改变十分反感，那父母又何必一定要求他变得开朗呢？身为父母，应该以孩子的天性为主，帮助他了解自己，找出适合他的处事方式及未来的发展方向。

斯波克育儿小语

父母要从孩子一出生就注意对孩子性格的培养，否则随着孩子年龄的增长，改变性格就会变得越来越困难。在孩子小的时候，父母发现他有害羞的倾向要及时引导，可以从周围环境、孩子的活动和父母自身等多方面帮助孩子变得开朗。

爸妈私房话

每个人都会有意或无意地说谎，还没有发育成熟的小孩子更是这样。
——斯波克育儿语录

阅读时间：25分钟　　受益指数：★★★★★

耐心品味宝宝的"谎言"

当孩子说谎时，父母不要轻易判定这是孩子的道德问题。孩子说谎自然有他的原因和需要，父母先要深入了解孩子的心理活动，再想办法纠正孩子的这种不良行为。

故事的天空

一转眼，彼特已经5岁了。一天下午放学后，彼特的父母一直没来接他。于是，彼特就跟几个同样等待家长来接的小朋友在草地上玩。

天色渐渐黑了，彼特在幼儿园里跑来跑去，当他发现幼儿园里只剩他一个人时，突然跑回教室，坐在自己的座位上哭了起来。

老师经过教室看到之后，感到很奇怪，因为这是她第一次见彼特这么难过，于是赶紧过去安慰他，可是，彼特只是哽咽着说了一句话："我爸爸还没有来。"

又一天的早上，爸爸送彼特来上学。可是，在彼特放下书包来到餐厅后，却悄悄哭了。

过了一会儿，老师又看到他在玩具房里伤心地啜泣着，老师快步走过去，蹲下身柔声问道："彼特，发生什么事了？"

彼特边哭边告诉老师："爸爸骂我。"

老师知道后很生气，心想：家长怎么能骂人呢？在老师的安慰下，彼特才慢慢停止哭泣。

放学之后老师向彼特的爸爸反映情况，爸爸感到非常吃惊，说他们夫妻俩从没打骂过孩子。

后来，彼特的爸爸想到了什么，说："今天早上出门晚了，就没给彼特买他想要的零食。"

为什么彼特不直接说实情，反而说爸爸骂了他呢？彼特的爸爸对此感到很困惑。

宋姐爱心课堂

我们通常都认为孩子是天真、纯洁、无邪的。他们思想单纯，看到什么就说什么，直接表达自己的喜好，不会考虑面子问题。所以父母一直无条件相信孩子说的话。

然而，事实并非如此简单。

有一位著名的教育心理学家曾说，撒谎是很自然的，它自发而且普遍，我们可以将其当作儿童自我中心思维的基本组成部分。德国儿童心理学家斯特恩的研究也得出相关结论：儿童直到七八岁，都不具备完全陈述事实的能力。他们并不是有意说谎，他们甚至不明确自己的行为，只是为了满足自己的需要而歪曲事实。

因此，我们可以认为，孩子说谎与道德无关，只是他们心理发展的必要过程。彼特的父母也应该正视这一事实，帮助孩子度过这个时期。

一方面，由于孩子记忆能力不强，对某一事件的叙述可能不准确。三四岁的孩子会害怕家长不接他回家。五岁左右，他的情感理解能力增强了，会认为父母不来接他是不爱他的表现。这时孩子表现出来的就不是单纯的伤心哭泣了，而是把这当成了心事。可以说，孩子表现出来的"说谎"只是一种表达方式，是他们焦躁情绪的一种发泄。

另一方面，孩子会为了满足自己的需求而扭曲事实真相，而"说谎"就成了他们最有效的方法，这里的"说谎"与大人理解的不同。在孩子的想法中，他们认为只要大人不发现就不会有事。比如，如果孩子丢了玩具，就会说是被一起玩的小朋友抢去了，这样自己就不会遭到批评。

斯波克支招DIY

幼年时期的孩子还无法区分"真话"与"假话",他们不知道诚实的重要性与撒谎的严重后果。那么,身为父母的你,不妨听听斯波克先生的建议。

◆父母要进行换位思考

如果孩子扭曲了事实,不要马上批评他说谎,而要进行换位思考,想想是不是有他的理由。比如说,如果孩子向小伙伴吹嘘自己,他是不是希望自己能够飞上蓝天?是不是希望自己变成超人?所以,不要一开始就定性为谎话。

◆给孩子一定的时间与空间

发现孩子为了逃避责任而说谎,不要马上戳穿他,更不要"严刑拷打",而要先试着给孩子一点时间和空间,引导他关注做错的事,而不是父母的情绪态度。最后,孩子会自己解决好出现的问题。

◆营造和谐的家庭氛围

家庭氛围要温馨和谐,这样孩子会知道即使他犯了错,只要主动承认就不会受到责骂。实际上,孩子明白了说真话不会被严厉惩罚后,他本能地更愿意诚实守信。

◆父母要为孩子树立榜样,以身作则

家长以身作则,孩子才能诚实守信。家长不仅要对孩子诚实守信、遵守诺言,也要当着孩子的面对所有人这样做。

◆鼓励孩子诚实认错

无论孩子犯了多大的错误,只要他已经承认,家长就不要惩罚孩子,因为鼓励孩子诚实认错远比他打碎的贵重花瓶重要。

斯波克育儿小语

如果孩子确实经常说谎话,父母不要急于批评孩子,要先自我反省:是不是对孩子过于严厉?另外,父母一定不要对孩子"严刑逼供",要牢记:不要为了满足自身的尊严感而去伤害孩子的自尊心。

让孩子认识交通规则，不仅是爱惜孩子的生命，也是对全世界安全的尊重。

——斯波克育儿语录

阅读时间：25分钟　　受益指数：★★★★

认真告诉孩子交通规则

现代交通在为我们带来便捷的同时，也带来了很多危险。每年死于交通事故的少年儿童占所有非正常死亡总数的比例相当高。因此，教育孩子遵守交通规则，既是培养孩子遵守社会规范与注意自身安全的需要，也是每个家庭幸福的需要。

故事的天空

在马丁很小的时候，爸爸妈妈就经常开车带他出去玩。小马丁对车窗外"运动"的风景非常感兴趣，总是往窗外看，十分专注。当他们的车在十字路口遇到红灯停下来的时候，他就会目不转睛地盯着红绿灯。"爸爸，妈妈，这是什么灯啊？它们为什么不停地变颜色呢？"小马丁向爸爸妈妈发问。爸爸就告诉他，那是交通信号灯，行人和车辆都要遵守交通法规。当它变成红色时，行人和车辆都要停下来，只有当它变成绿色时，才可以通行。而如果它变成黄色，大家都要等待。

爸爸向马丁简单讲解了"红灯停，绿灯行，黄灯亮了等一

等"、行人过马路要走斑马线这些基本的交通法规。马丁很快就明白了这些规则，当外公外婆带他出去玩的时候，他还要提醒老人过马路时要先看交通灯，并且一定要走斑马线。

宋姐爱心课堂

　　交通法规的内容枯燥琐碎，要想让孩子牢牢记住这些规则，首先要有所取舍。要选择最基本的、与孩子每天的生活息息相关的内容来教。这个年龄段的孩子生活经验有限，他们最需要了解的交通规则是行人在马路上如何做最安全。

　　对孩子进行具体安全规则教育的第一步，是让孩子对以下这些概念有大致了解：人行道——马路旁不允许机动车通行的地方叫人行道；斑马线——马路上像斑马身上的纹路一样有黑白相间的横线，让行人穿过马路的地方叫斑马线；地下通道——设在地下，行人可以通过它穿过马路的地方叫地下通道；天桥——架在半空中，行人利用它穿过马路的桥叫天桥。这些东西都是孩子在日常生活中经常看到的，因此可以很容易理解并记住。

　　马丁的父母利用带孩子开车游玩的机会，向孩子讲解最基本的交通规则，语言简单易懂，让孩子容易接受。这样，既达到了教育孩子的目的，又满足了孩子的好奇心。

　　父母对孩子的安全教育，尤其是交通规则教育，一定不能掉以轻心。父母要用科学的交通规则教育方法，让孩子轻轻松松记住枯燥的交通法规。

斯波克支招DIY

　　很多父母并不重视或是根本不知道怎样教育孩子遵守交通规则，但这又是对孩子和整个家庭非常重要的教育部分。那么，对孩子进行安全规则教育的基本内容到底是什么呢？

◆**一个人走在马路上，需要注意什么**
　　要在人行道上行走，如果路旁没有人行道则要右侧通行，这样比较安全。

◆**如何穿过马路**
　　可以从地下通道或天桥过马路。如果没有地下通道或天桥，就要在比较安全的有交通标志的地方通过，并且要看交通信号灯。当绿灯亮时，等到两旁车子都停稳后，再穿过马路。如果从斑马线过马路，一定先停下脚步，看看左右两边，确定没有车子开过来再过马路。

◆ 过马路时，需要注意的问题

当绿灯在闪的时候，不要抢着过马路，耐心等待下一次绿灯。如果走到马路中间，绿灯快要变成红灯，要跑步迅速通过。另外，过马路时要牵紧大人的手，拿好手中物品，边走边玩是非常不安全的。

◆ 父母采用寓教于乐的方式进行教育

父母可以用玩具模仿马路上的场景，让孩子在玩乐中学到最安全的过马路方式。同时，家长可以带孩子到马路上实地演练，练习如何通过天桥、地下通道以及怎样看交通灯等。

斯波克育儿小语

5~6岁的孩子缺乏危险意识，不懂得自我保护。只靠说教，孩子不能真正体会危险的严重性；单靠指令，也不足以让孩子认识到注意安全的意义。孩子必须通过观察和实践才能了解一件事，听到、看到还不够，还需要触摸到或感觉到。因此父母除了要保证孩子所处环境的安全外，还要随时随地提高孩子的安全意识。遵循具体化、步骤化、生活化的学习原则，教孩子一些保护自己的基本方法。

自我保护教育是一个过程，父母应该有耐心，还要学习一点心理学，对孩子加以引导和保护。

——斯波克育儿语录

阅读时间：30分钟　　受益指数：★★★★★

孩子的自我保护教育

由于儿童的生活能力比较差，所以儿童期的致残、致死率是一生中最高的。父母把目光集中在孩子学习、饮食和心理等领域时，对孩子的安全也不能掉以轻心，以免后悔终生。

故事的天空

比尔的妈妈很注重对孩子自我保护的教育，并从他小的时候就培养他自立的性格。在妈妈的悉心培育下，5岁的比尔就已经开始自己洗袜子、手绢，他还会自己穿衣服、收拾玩具。在安全教育方面，妈妈也善加引导，让比尔在有可靠保护的前提下亲自尝试，逐渐认识到什么是安全的，什么是危险的。

有一次，比尔自己去饮水机接水喝，结果不小心被热水烫着了。比尔立刻哇哇大哭起来。等他停止抽泣之后，妈妈就干脆让他做家里的危险物品监督员。妈妈拿出一些家中的物品，让比尔从中找出他认为是危险的、孩子不能随便玩的物品，找对了就给予表扬，找错了就及时纠正。这样比尔以后看到家中的危险物

品就不会再去碰了。

比尔妈妈的这种教育方式，增加了孩子的自我保护意识，使得父母不用时刻为孩子的安全担心了。

宋姐爱心课堂

与幼儿沟通时，使用过于抽象的词语是没有用的。许多家长以为孩子懂得大人的语言，其实不然。比如你对孩子说"危险！快走开"或"烫手，不要摸"，孩子不清楚为什么危险，也体会不到烫是什么滋味。不如用熨斗去烫一张纸片，让孩子看到纸片被烫后冒烟、烧焦。这样一来，孩子就会意识到被烫有很严重的后果。

可是，很多父母对孩子过度保护，什么都不让孩子碰。结果造成孩子手眼协调性差，手部肌肉控制力不足，如果碰到了危险物品，更容易发生意外。其实父母应该指导孩子使用那些东西，孩子用多了，可以运用自如了，也就能够安全地操作了。

就像故事中比尔的妈妈那样，让孩子主动接触危险用品，让孩子在父母的指导下分辨安全与危险，孩子在以后的日常生活中自然会主动避开危险用品。

当然，除了以上容易在家中发生的危险之外，孩子在外面也容易发生意外，为了预防以上情况发生，父母在日常生活中要让孩子记住一些常识问题。例如，孩子的全名、父母的全名、家庭住址、家庭电话号码以及父母的手机号码。记住各种紧急电话，如报警电话。如遇突发事件时，让孩子知道以下几个地方是比较安全的：要好的朋友家、邻居家、人多的大商场、学校或幼儿园、警察局等。

可是，由于孩子经验不足，思维方式也与大人不同，因此要多与孩子讨论、多做几次示范，才能帮助孩子真正了解遇到危险时该怎么做。

斯波克支招DIY

对孩子的自我保护教育涉及生活中的方方面面，父母要细心考虑到每一个可能对孩子造成危险的因素。下面看看斯波克先生给您的建议。

◆ 不随便跟陌生人走

一方面教育孩子学会说"不"。没有父母的事先通知，放学时不能随便跟陌生人走。如果陌生人说父母受伤或生病了，要带他去看父母，那就赶快去找老师寻求帮助。另一方面教育孩子养成凡事向父母请示汇报的习惯。如果孩子想到邻居家去玩，先要取得父母同意，然后再被父母送去。要回家时，孩子打电话通知父母来接他。

◆ 不要随便开门

教育孩子门铃响了或有人敲门，不能马上开门，要先问他是谁。另外家长可以经常和孩子玩"芝麻开门"的游戏，家长扮演敲门的人，进行情景模拟，让孩子知道他该怎么做。

◆ 避免被狗咬伤

狗是人类最好的伴侣，可是有时候狗也会伤人。因此家长要教会孩子怎样和狗相处，当然还要教他们一些对付狗的攻击的防卫手段。

◆ 告诉孩子身体的隐私部位

告诉孩子哪些是身体的隐私部位，是指被内裤、泳衣、泳裤遮盖起来的地方。只有当爸爸妈妈帮他洗澡，或医生为他检查身体的时候，才可以被人摸这些部位。除此之外，有人要摸他的隐私部位，要大声拒绝，然后迅速跑开，并把这件事告诉父母或他信任的大人。另外，父母要帮助孩子建立尊重身体隐私权的观念。

◆ 其他的安全教育

除了上面那些安全知识外，还要教给孩子很多东西。例如，怎样避免烫伤、上下楼梯要小心、玩水的注意事项、哪些东西不可以吃、打雷闪电时要注意什么、家电用品不能玩、如何拿尖锐物品走动、不碰危险器具等。

斯波克育儿小语

孩子对所有事物都充满好奇，什么都想动两下。这时父母不要一味阻止，让孩子在大人的监护下适当尝试，如果他疼了、怕了，下次自然不会再动。另外，为了避免各种事故的发生，父母平时有必要给孩子讲一些安全小知识。可以采取讲故事的方式，让孩子感兴趣并且印象深刻。

> 孩子是父母的希望和社会的未来，所以父母要让孩子在自由和快乐中成长。
>
> ——斯波克育儿语录

阅读时间：25分钟　　受益指数：★★★★★

让宝宝的童年充满快乐

父母要让孩子体会到什么是自由，什么是快乐，什么是真正属于他们的幸福；让孩子有属于自己的翅膀，自由自在地飞翔。此时，父母要做的就是在孩子迷失的时候指引方向，而不是任由他们盲目地飞翔。

故事的天空

麦克是一个非常热爱自然的孩子，他对周围的一切自然现象都充满了好奇。他经常趴在草丛里抓小虫子或是坐在树下观察小蚂蚁们的活动。

一天下午放学后，麦克迟迟没有回家。妈妈不停地看着钟表，一个小时过去了，还是没看到宝宝的影子。妈妈担心极了，以为孩子遇到了什么危险，准备出门去寻找小麦克。妈妈刚一打开门，远远地就看见浑身脏兮兮的麦克正往家的方向跑。麦克看到妈妈，兴奋地喊道："妈妈，我今天在公园里发现了好多小蜗牛，它们全都背着小房子，慢吞吞地爬呀爬呀，怎么也爬不远。"妈妈这才明白，原来孩子放学后一直在观察蜗牛，所以回家晚了。妈妈并没

有责骂麦克放学后不马上回家的行为，反倒对麦克说："是吗？妈妈也想看看小蜗牛是怎么活动的。我们先吃晚饭，吃完饭后你带妈妈去看好吗？"麦克听后开心地跳了起来。

宋姐爱心课堂

为人父母都希望自己的孩子能够快乐地成长，但却不知道对孩子来说什么才是真正的快乐。父母小时候的物质条件远不如现在，但那时候的孩子往往比现在的孩子更容易满足，也更快乐。

现在的孩子在物质方面想要什么就有什么，但依旧不满足。不得不承认高度发展的物质文明在一定程度上给孩子的童年带来了负担，如孩子们越来越缺少与大自然亲近的机会，不能在田野中自由地跑、跳。电子化产品充斥着整个生活空间，人际关系逐渐疏远，人的创造力无处发挥。狭隘的空间、爆炸的信息，让人们变得越来越浮躁，孩子们似乎也失去了自由快乐的童年。

在斯波克先生看来，最严重的是父母逼迫孩子做他们不喜欢的事情。当父母为孩子规划未来时，一味地认为这是对孩子的未来负责，殊不知这样做的后果是剥夺了他只有一次的童年快乐，但孩子的成长离不开这些快乐。

斯波克支招DIY

孩子的感情很敏感，一点小惊喜就能让孩子很快乐，一点小挫折也会让他们很难过。那么，孩子怎样才能感到快乐呢？家长在这个过程中应该怎么做呢？

◆ **接纳**

接纳意味着容忍孩子所犯的错误。在孩子成长的过程中，必然会弄翻菜肴、打碎碗碟、拆坏家电等，父母对这些事情的反应对孩子来说很重要。

◆ **关爱**

关爱是父母对孩子发自内心的关怀。当孩子受了委屈，哭哭啼啼地跑回家时，父母如果轻声细语地安慰、耐心地倾听，会让孩子马上破涕为笑。

◆ **成就**

成就并不代表把每件事都做得很完美才行，它是孩子在做的过程中获得赞美和鼓励后的感觉。当孩子主动帮大人做事时，他可能并不会做。这时，如果父母鼓励支持，不仅能让孩子快乐，也会使他更努力。

◆ 带领孩子亲近大自然

虽然现在的孩子大多居住在城市中，不能拥有像农村孩子那样与大自然近距离接触的机会，但只要父母用心，还是能为孩子亲近大自然创造条件的。父母可以每隔一两周带孩子去郊游、远足，寻访农家小院，让孩子尽情地探索大自然。父母不必担心自己对大自然不了解，也不要怕孩子玩耍弄脏了衣服。最重要的是陪伴、分享和鼓励，让孩子探索大自然的奥秘，学会平等、善意地对待其他生命。

◆ 教孩子寻找游戏中的乐趣

小孩子的很多玩具设计简单，但却有很多玩法，变化无穷。这些玩具之所以受欢迎就是因为它促使孩子动脑，提升孩子的智力。父母可以教孩子用玩具玩些简单却十分有趣的小游戏，让他们在玩中体验真正的快乐。

◆ 培养孩子爱读书的好习惯

调查显示，读书能开发孩子的想象力，父母应该培养孩子阅读的习惯，选择合适的读物，与孩子进行亲子阅读。这样既可培养孩子的学习能力，又能增进父母与孩子之间的感情。

斯波克育儿小语

孩子的快乐是建立在父母对他们的理解上的。不管孩子做什么，父母都要时刻站在孩子的立场上去想问题，不能以父母做的一切都是对的为借口去否定孩子做的一些事情。孩子年龄虽小，但也有自己的思想，多给孩子一些肯定，让孩子健康阳光地成长，就是给孩子最大的快乐。

教好孩子有妙招

只有把爱和教育摆在一个平衡的位置，才有资格去教育孩子。
——斯波克育儿语录

阅读时间：30分钟　　受益指数：★★★★★

爱与管教的平衡

有一个问题一直困扰着父母：父母是发号施令者还是孩子的朋友？很多父母在教育宝宝的过程中总是不能理清爱和管教的关系，结果造成自相矛盾的情况，让家长对自己的教育方式没有信心，也让孩子很不适应。那么，这两者究竟该怎样把握呢？

故事的天空

詹姆斯是个非常调皮的小男孩，他经常将垃圾桶打翻，然后翻找里面"好玩"的东西，每一次都会把屋子里弄得乱七八糟。

有一次，詹姆斯被妈妈当场抓住之后，打了手。詹姆斯哇哇大哭起来，想找爸爸帮忙，爸爸却没有理会。这样詹姆斯只好重新跑向妈妈，妈妈抱住他，告诉他为什么要打他。

邻居问詹姆斯的爸爸当时为什么不去安慰儿子，爸爸说："我们要做负责任的父母，既然是他妈妈打了他，善后问题就应该由妈妈来解决。"邻居又问："如果打孩子，让他以后变得叛逆怎么办呢？"爸爸回答道："管教的基础是爱，关键在于平时建立感情。我们和他一起生活，他知道我们是从心底爱他的，这样他也能明白我们的管教是为了他好。"

宋姐爱心课堂

父母作为宝宝的精神支柱，该如何对宝宝进行教育呢？有的父母对宝宝的要求过高，每次宝宝有了进步，他们会提出更高的要求，用一种高度控制的方式来培养宝宝，这样的宝宝长大后虽然优秀，但很可能没有主见。有的父母却对宝宝没有任何要求，由于没有规矩的约束，这样的宝宝长大后很可能会成为一个自私、不负责任、不守规矩的人。

宝宝与父母是双向作用的。有的宝宝天生调皮、爱哭爱闹，很容易惹父母生气，于是父母大多采用简单粗暴的管教办法，不是打就是骂，结果导致父母与子女的关系紧张。对于那些乖巧听话的宝宝，父母就会尽可能满足宝宝的需求，努力让宝宝要什么有什么。如果长期这样，父母很容易在孩子面前没有威信。研究显示，大量的青少年问题与幼年阶段亲子关系的建立有很大关系。

詹姆斯的父母首先明确了管教的前提是爱，让孩子知道父母是非常爱他的，打他只是因为想让他改正错误。

斯波克先生认为，父母应该奉行的，是介于权威与朋友之间的关系，即爱的管教。父母不只做父母，还应该做宝宝的朋友。在这种关系里，父母要让宝宝尊重自己的权威，但要向宝宝提出合理的要求和限制。对于宝宝好的行为要及时给予表扬和肯定，对不好的行为要明确表示出反对。要充分表达对宝宝的爱，也要尊重宝宝的意见和想法。鼓励宝宝大胆说出自己的见解，遇到问题与宝宝一起讨论。这样教育出来的宝宝心理会很健康，并且会自己处理问题。

斯波克支招DIY

父母要将心态放平和，经常反思自己的教育方式。参照以下几点建议，父母应及时改正伤害宝宝、起反作用的教育方式。

◆ **站在宝宝的角度看待问题**

宝宝并不是生下来就知道对错，明确什么可以做，什么不可以做。宝宝犯错误，父母应该及时制止、纠正，但是完全没必要大动肝火，甚至对宝宝又打又骂，那样会在不知不觉中让宝宝有暴力倾向。父母如果站在宝宝的角度去感受世界，就不会动不动就打骂宝宝了。

◆ **管教标准要适当**

要制定符合宝宝能力的行为要求标准，以成人的标准去要求小宝宝是不科学的。一个刚学会走路的小宝贝，你却要求他自己去固定的地方大小便，这样的要求难以达到。其实在不经意间，你已经给宝宝增加了心理负担。

◆ **父母观念要一致**

父母对于宝宝的行为要求必须一致。宝宝的理解能力毕竟有限，父母采取两种不同的态度，会让宝宝不知道怎么办好，不能判断自己做的到底是对还是错。

◆ **明确管教的意义**

管教是为了让宝宝能成为独立成熟的个体，而不是事事听从父母的小奴隶。值得注意的是，有时父母责罚宝宝，仅仅是因为孩子不听自己的话，父母认为孩子是在挑战自己的权威。这就是错误的管教方式。

斯波克育儿小语

在指出宝宝的错误时，一定要让宝宝明白他仍是爸爸妈妈的宝贝，以不再爱他作为要挟条件是万万不可的。幼年时期的宝宝特别需要与父母进行肢体接触，多抱一抱宝宝，能够让宝宝很有安全感，也更信任父母。宝宝的健康成长需要爱的滋润，而适当的管教对宝宝健康成长有益处。

一个人只有非常自信,且明确自己的价值,才能将自己的优势充分发挥出来,并敢于承担责任。这样的人也更容易让别人信服。

——斯波克育儿语录

阅读时间:30分钟　　受益指数:★★★★

让宝宝偶尔当当"小大人"

父母要有意识地为孩子创造培养自信的条件,如在日常生活中让宝宝代劳一些事情,这样会让他感到自己是爸爸妈妈的好帮手,是个有用的人。

故事的天空

一天,约翰带着5岁的小女儿艾米去书店买故事书。约翰挑好之后,艾米表示要自己将书拿起来,不过,反复尝试了好几次,却总是有一本书从手中滑掉。艾米开始不高兴了,整张脸涨得通红,眉头也拧在了一起。

约翰看到女儿着急的样子,决定帮助女儿。约翰拿了一根橡皮筋,将几本书捆在一起。小姑娘刚开始没有反应,只是好奇地看着爸爸,但当约翰捆好书后,艾米却号啕大哭起来。

约翰对女儿突如其来的大哭感到不知所措。他不明白,他明明帮助女儿解决了难题,女儿为什么更加不开心了呢?

宋姐爱心课堂

自信心是一个人取得成功的重要因素，自信会使一个人精神饱满，勇于挑战新事物。父母要注意在生活中培养孩子的自信，多鼓励、表扬孩子，让孩子去做一些他能胜任的工作，这样他会认为父母很重视自己。长此以往，父母就能培养出一个阳光自信的孩子。

故事中的约翰犯了一个非常严重的错误。他的举动在告诉女儿："你的方法不可以，而我的可以，你没有我的帮助不可能完成你想要完成的事情。"约翰让女儿觉得自己很没用，在孩子的思维里，这并不是在帮助她解决问题，而是在告诉她"你很无能"。

孩子们有时候显得有些"笨拙"，他们可以自己穿衣服、洗手绢，但要浪费一些时间，还可能洗不干净。通常情况下，父母会很心急，想帮助孩子来完成这些事情。殊不知正是父母的这些帮助，打击了孩子的自信心。长此以往，孩子会变得自卑。

斯波克先生提出，对于父母来说，最重要的法则之一是"不要吝惜对孩子的夸赞和鼓励"。你的一句话可以成就一个孩子，也可以毁掉一个孩子，这绝不是耸人听闻。夸赞孩子也有方法，不一定非是语言上的，通常一个鼓励的眼神，一个深情的抚摸和微笑，都可以传递出父母对孩子的肯定。

斯波克支招DIY

父母应该如何帮助宝宝认识自己的能力，肯定自己的优势，对自己有信心呢？

◆ **肯定自己的宝宝**

一个孩子不被父母肯定，他又怎么会自我肯定呢？所以父母要在生活中多肯定宝宝，让宝宝觉得自己很优秀，自然会觉得自己很重要了。父母要给宝宝准备一个自由的小天地，拥有自己"领地"的宝宝会感到很骄傲，让他觉得自己被父母重视。

◆ **让宝宝重视自己**

父母要多给宝宝创造自己选择的机会，例如假期全家出游，可以先列出几个选项，然后让宝宝自己选。如此一来，宝宝会觉得自己很重要。生活中，父母多用商量的语气让宝宝做力所能及的事情，比如"帮妈妈洗个苹果，好吗"，听到这些话之后，宝宝会认为自己是家庭中的一员，可以为家里贡献自己的一份力量。久而久之，宝宝的心里自然会产生自信心和责任感。

◆偶尔让宝宝当当"小大人"

在带宝宝去超市时，父母可以让宝宝付账。虽然他还不会算账，但可以让他掌握零用钱，体验当家的感觉，这会让他的自信心增加。而在给宝宝购买衣物和玩具时，最好让宝宝自己挑选颜色和款式，即使父母不喜欢也不要否定他的选择，因为宝宝的意见得到肯定对于增强他的自信心有很大帮助。

斯波克育儿小语

宝宝在初次完成一件事情时，会遇到很多阻碍，犯错也在情理之中。这时父母要注意不要在语言或行为上让宝宝觉得自己很失败，不能让宝宝认为自己是个"笨蛋"。

宝宝的好奇心是他们探索的动力。

——斯波克育儿语录

阅读时间：25分钟　　受益指数：★★★★★

欣赏宝宝的新奇发现

总是能提出各种奇怪的问题，这说明宝宝一直在动脑筋、在思考。所以父母不要放过这种机会，要鼓励宝宝去探索，对宝宝的新奇发现给予肯定。

故事的天空

亨利是个调皮的小家伙，他很爱动脑筋，但也因此闯了不少祸。一天，亨利看到爸爸在给皮鞋涂鞋油，他感到很新奇，就问："爸爸，你在做什么？""我在给皮鞋涂鞋油。"爸爸回答。"为什么要涂鞋油呢？"亨利接着问道。爸爸告诉他涂鞋油不仅能保护皮鞋，还能使鞋子变得美观。

过了一会儿，亨利趁父母不注意，在房间里偷偷地给自己的鞋子涂上鞋油。刚涂没几下，他就懊恼地喊来爸爸："爸爸，你快来，你看我的鞋子怎么变成这样了？"爸爸过来一看，儿子的白色胶鞋竟然变成了黑色，儿子的手上、脸上和衣服上也又黑又脏。

原来亨利不明白胶鞋不是皮革做的，不能涂鞋油，结果犯下了错误。虽然

亨利闯了祸，但爸爸没有批评他，而是告诉他鞋油只能用来擦皮鞋，还夸奖亨利具有探索的精神。

宋姐爱心课堂

常言道："兴趣是最好的老师。"如果没有自由玩耍的机会，孩子又怎么能发掘自己的兴趣呢？殊不知，兴趣同样源于生活，只有让孩子尽情地玩耍，他才能在玩耍中观察生活、感受生活，并在生活中发现自己真正喜欢什么，进而在兴趣的引导下走向成功。斯波克先生认为，玩耍不是浪费时间，恰恰是在创造生命的价值，因为孩子可以从游戏中学习和进步。

亨利的父亲没有责备孩子毁了一双白胶鞋，反而鼓励孩子的行为，表扬亨利有敢于尝试探索新鲜事物的精神。可在现实生活中，很多父母却并不像亨利的父亲一样开明，他们处处控制孩子，尤其怕孩子弄坏或弄脏东西，到最后却责怪孩子没有想象力。

在玩耍中，孩子做出一些令父母头疼的事情是很正常的，在这种情况下，父母千万不要严厉训斥孩子，更不要对孩子拳打脚踢、进行体罚。相反，应该理解孩子，对孩子进行耐心开导，并予以表扬。

斯波克支招DIY

实际上，每个宝宝都有发现新鲜事物的慧眼。我们相信，只要父母重视宝宝的想法，及时对他们进行鼓励、引导，他们就一定能够创造惊喜。

◆ 善待宝宝的"为什么"

宝宝知道的东西太少，他们越有新发现，就越会向父母问各种稀奇古怪的问题。面对这种情况，大多数父母都会经历这样的过程——开始觉得宝宝的问题稀奇古怪，慢慢地失去兴趣，最后到厌烦的程度。其实，宝宝有问题说明他们有了新发现，父母要耐心对待宝宝，善待宝宝的"为什么"，才能让宝宝学会知识，增长见识。

◆ 欣赏宝宝的新发现

父母的态度决定了宝宝的学习潜力能否被激发出来。宝宝的好奇心很强，但是有时候他们感到新奇的东西父母早已不稀奇。因此，父母往往用成人的眼光看待宝宝的发现，认为宝宝很幼稚。殊不知这是他们认识世界的一个重要渠道。

◆ **父母要善于观察宝宝**

父母要细心观察宝宝的一举一动,当宝宝兴奋地向父母汇报他的新发现时,父母一定要表现得很惊喜,与宝宝分享快乐,表扬宝宝的同时还要鼓励宝宝继续观察周围的新鲜事物。

斯波克育儿小语

儿童时期的宝宝对周围的一切都充满了好奇,喜欢探索并提出古怪的问题。父母要耐心对待宝宝,及时赞赏和鼓励宝宝的新发现,激励宝宝勇敢地进行探索。

爸妈私房话

要想真正学到新知识，并且不断进步，就要对事物有独到的见解，敢于怀疑批判，不迷信权威，不轻易认同他人的结论。

——斯波克育儿语录

阅读时间：25分钟　　受益指数：★★★★

欣赏宝宝的大胆怀疑

如果宝宝对一个事物提出疑问，父母不要急于否定，而要给予鼓励。因为宝宝勤于思考才会有这种表现，所以父母不能将成人的思想强加给孩子。

故事的天空

一天晚上，阿曼达在房间里看故事书，看着看着，她发现书上有一个错误，就跑出来对妈妈说："妈妈，我觉得这本书上有一个字写错了。"

"是吗，是哪个字？妈妈来帮你看看。"

阿曼达指着书上的一个"她"字对妈妈说："这个字用错了。"

"为什么用错了呢？"妈妈问阿曼达。

"因为故事中的主人公是小蜜蜂，小蜜蜂是动物，应该用动物'它'。"阿曼达一边说，一边在妈妈手心里写了一个"它"字。

"嗯，你的怀疑很有道理，妈妈来读一下这个故事。"妈妈拿过书，仔细读了一下文章，然后告诉阿曼达说："一般

情况下，小蜜蜂应该用'它'。但在故事中作者将小蜜蜂比喻成了一个喜欢唱歌的小朋友，这是童话里常用的方法，所以'她'没有错，你懂了吗？"

"噢，故事中的小蜜蜂是一个女孩子，所以用'她'，是这样吗？"

"嗯，阿曼达真是聪明的孩子！"

宋姐爱心课堂

古希腊哲学家德谟克利特说过："头脑不是一个要被填满的容器，而是一支需要被点燃的火把。"父母在教育孩子的时候，一定要改变传统的填鸭式灌输的教育方式，改变孩子被动的地位，鼓励孩子大胆怀疑，充分调动孩子的主观能动性和创造力。

阿曼达的妈妈并没有在第一时间质疑孩子的提问，而是认真听取孩子的理由，并且仔细核实孩子提出的疑问是否正确。这样做不仅解答了孩子的疑问，而且也没有扼杀孩子勇于质疑的热情。

当孩子对一个事物产生怀疑并表达出来的时候，父母不要认为这是荒谬的，而应该鼓励孩子更深入地思考这个问题。作为父母应该为自己有一个善于独立思考的宝宝而自豪。

斯波克支招DIY

在宝宝对周围事物的认知丰富到一定程度，且自身的思考能力逐渐成熟的时候，就会对一些事情产生怀疑。此时，作为父母要鼓励、引导宝宝正确发表自己的见解。那么面对宝宝的质疑，父母到底该如何做呢？斯波克先生给出了以下意见。

◆ **鼓励宝宝发表自己的见解**

父母在教育宝宝时，经常说"教科书不可能出错，是你想错了"，如此一来，即使宝宝心中有疑问，也会认为自己是错误的，而不敢提出来。其实，父母应鼓励宝宝提出挑战权威的意见，并且用肯定的语气对宝宝说："你的想法很有道理，你还能再细致地叙述它吗？"

◆ **欣赏宝宝敢于质疑的精神**

当宝宝对某件事产生怀疑并且试图验证的时候，父母要用欣赏的眼光注视宝宝，以示对他的支持和肯定。这样一来，宝宝会更有信心地用自己的思维和方式去认识周围的世界。

◆ 引导宝宝提出疑问

父母在平时要注意引导宝宝多思考问题，允许宝宝发表独立见解，对宝宝提出的问题采取鼓励的态度，并且认真地帮助宝宝解决问题。如果宝宝的怀疑是错误的，父母也不要责怪，而应该对他的主动思考给予肯定。如果宝宝的怀疑是正确的，父母就更有理由肯定和表扬孩子了。

斯波克育儿小语

生活中，如果宝宝有问题向父母请教，父母要尽量做到点到即可，给宝宝更多思考的时间和空间，让宝宝独立思考、敢于质疑、勇敢创新，在质疑中探索新的问题，学习新的知识。

爸妈私房话

给宝宝暗示，可以扫除去宝宝心理发展的障碍。

——斯波克育儿语录

阅读时间：30分钟　　受益指数：★★★★★

"暗示"让宝宝越走越远

暗示教育在宝宝的成长过程中有着至关重要的作用。之所以这样说，是因为暗示可以为他们的成长增添动力，让他们的生活更精彩。

故事的天空

一个阳光明媚的星期天，安妮和丽萨被妈妈们带着，一起到公园玩。美丽的蝴蝶在草地上空翩翩起舞，两个小姑娘被吸引着在蝴蝶后面奔跑追赶。她们俩的花裙子被风吹起，远远看去也像两只花蝴蝶。

或许是兴奋过头了，两个人一前一后被地上的石头绊倒了。两位妈妈赶紧跑到女儿身边。安妮的妈妈心疼地抱住孩子，上下抚摸她说："亲爱的，你一定摔疼了吧？"安妮"哇"的一声大哭起来，哭喊道："妈妈，我好疼啊！"丽萨的妈妈虽然也心疼孩子，却没有马上抱起她，而是淡淡地说："宝贝，没关系，你可以自己站起来。"丽萨没有哭闹，若无其事地

爬起来，又继续奔跑着玩了。

安妮的妈妈感到很奇怪，为什么丽萨的妈妈没有哄，丽萨也不哭闹，而安妮却是越哄哭得越厉害呢？

宋姐爱心课堂

很多父母由于恨铁不成钢，总是训斥做错事情的宝宝："你怎么这么笨？这么简单的事情都做不好！""你看××多聪明，比你强好多倍！"父母说出这样的话，既伤害了宝宝的自尊，又暗示了宝宝脑子太笨。现实生活中，这种情况时常发生，或许父母并没有意识到自己的言语不当，而正是这些在父母看来毫无意识的话对宝宝产生了极大的影响。这种现象在心理学上被称作心理暗示。

心理暗示是人或环境以非常自然的方式向个体发出某种信息，个体在不经意间接收到这种信息，从而做出相应反应的一种现象。暗示教育最大的特点就在于"暗"，在潜移默化、不知不觉中影响孩子幼小的心灵。

故事中的两个孩子同样是摔跤，为什么一个孩子显得脆弱娇气，而另一个孩子却表现得坚强勇敢呢？这跟两位妈妈不同的表现有关。安妮的妈妈紧张不安的态度在暗示孩子摔跤很痛，这就在心理上增加了孩子的疼痛感，这是消极的暗示。丽萨的妈妈淡然平静的态度在暗示孩子摔跤没什么大不了的，她自己可以勇敢爬起来，这是积极的暗示。

斯波克先生说，幼年时期的孩子在心理上具有容易接受暗示的特点，可塑性很强。所以，父母应注意常用积极暗示，避免使用消极暗示。

斯波克支招DIY

孩子的健康成长需要父母的积极暗示，但积极暗示也不代表一味地表扬赞赏。父母也要掌握一定的暗示技巧，不妨学学下面几点。

◆ 消极的暗示对宝宝有害无利

消极的心理暗示对宝宝的成长会造成恶劣的后果。因为暗示对人的心理和行为的影响通常是含蓄、间接的。一个宝宝如果长期被灌输消极的心理暗示，就会对自己和生活丧失信心。然而，这些给宝宝消极暗示的人恰恰是他们最信赖的父母或老师。

◆ 暗示教育要趁早

越早对宝宝进行暗示教育，产生的影响就越深远。暗示者与宝宝的关系越亲近，作用越明显。如果父母一直对宝宝进行消极暗示，那么一定会造成悲剧性后果。所以，父母一定要谨言慎行，常给宝宝一些积极的暗示。

◆ **暗示要委婉地说出来**

生活中，父母要善于发现宝宝的与众不同，并以自然、赞赏的语气说出来。比如"我的宝宝好坚强，摔倒了都不哭""我的宝贝儿子能自己看很长时间书呢，好认真啊"，这样的暗示会让宝宝认识到什么是正确的做法。宝宝接受这种暗示，他就会朝着那个方向去做，并且表现得很出色。

◆ **暗示要拿捏有度**

不过，暗示也要有一个度，一个经常被表扬的宝宝，可能会反感于频繁夸大的表扬。特别是这些夸奖不真实时，有的宝宝就会感到压力很大，使他不希望被表扬。

相反，以爱为前提的积极的暗示，总是显得真实可信，更没有功利性。这种暗示让宝宝感觉很舒服，不经意间也就朝着父母暗示的方向去努力了。

◆ **父母要以身作则**

初生的宝宝对食物并没有天生的喜好，但长大一点就开始出现挑食的现象。其实这与父母有关，很多父母在宝宝面前说"我不爱吃肉，油太大""我不爱吃菜，没滋味"等，或在和别人交谈时，当着宝宝的面说"我家宝宝只吃肉不吃菜"。其实，这些做法都在暗示宝宝挑食。

斯波克育儿小语

积极暗示与鼓励不同，它更多是给宝宝一种心理暗示，在潜移默化中影响宝宝。而且，积极暗示对宝宝的成长起着至关重要的作用，父母一定要在谨慎思考后对宝宝进行积极暗示。

第五章

斯波克的智商提高法

做游戏是学习新事物的方式,是获取知识与拓展技能的方式,是把思维和行动结合起来的方式,是加快儿童智慧发展的重要手段。

小游戏搞定宝宝的空间知觉能力

01 声音在哪里

游戏目标：训练孩子的视听定向能力。

适应年龄：1～3个月
游戏时间：10分钟
受益指数：★★★★
游戏用具：较大的彩色花铃棒

游戏方法：

1. 妈妈手拿花铃棒，一边摇一边慢慢移动。
2. 摇动顺序要先从孩子左边开始到右边，然后再从右边到左边。
3. 先保持玩具动，孩子不动，让孩子的眼睛跟着玩具转，然后是玩具不动，让孩子的头随着玩具从左到右、从右到左。

注意事项： 注意不要将花铃棒摇得太快。

拓展游戏：

1. 让宝宝平躺在床上，妈妈在正前方正视宝宝的眼睛。妈妈将宝宝双手举起，在其视线正前方晃动，引起宝宝对手的注意。

2. 妈妈一边唱儿歌，一边轻轻晃动宝宝的小手，让宝宝的视线随手移动。

3. "小手小手拍拍，小手小手摇摇，小手小手跑得快。"唱到"跑得快"时，以稍快的速度将宝宝的双手放到身体两侧。

小语♡

孩子最早对声音的理解是建立在视听整合水平上的，当你在说一件事或描述一样东西时，让孩子看到你所说的东西、情境或过程是十分重要的。父母要耐心训练宝宝，可以每天都进行几次这样的小游戏。

02 哪边是"右"

游戏目标： 在游戏中，让孩子分清哪一只手是右手。

适应年龄： 1～2岁

游戏时间： 不限

受益指数： ★★★☆

游戏用具： 积木、蝴蝶结、盒子

游戏方法：

1. 家长将蝴蝶结别在孩子右胸前，并对孩子说："这边是右边。"告诉孩

子，拿铅笔、剪刀、筷子的手就是右手。如果孩子惯用左手，家长就告诉他："你不经常用的那只手就是右手。"

2. 家长在孩子面前放一些形状相同但大小不同的积木，让孩子用右手拿大的积木放入盒子。

3. 接下来再用右手拿小的积木放入盒子。

注意事项：当孩子分不清左右时，告诉孩子别蝴蝶结的那一边是右。

拓展游戏：

父母与孩子一起过马路时，父母应该告诉孩子："当你想穿过马路时，必须先举起右手。"然后指导孩子举起右手，再一起过马路。

🧒 小语 ♡

教孩子分清左右并不容易，父母一般都采取强化记忆的方式，也可以说是死记硬背。父母每天都告诉孩子这是左手，那是右手，或是给孩子的两只手贴上不同的图案，让孩子根据图案分清左右手。

03 宝贝快接球

游戏目标： 培养孩子空间位置的判断能力。

适应年龄：1～2岁

游戏时间：15分钟

受益指数：★★★☆

游戏用具：塑料纸篓2个、乒乓球10只、乒乓球拍一副、小皮球10个

游戏方法：

1. 在地上画两条平行线，平行线之间的距离在2米左右。

2. 孩子拿着纸篓站在两条线外，与父母面对面。妈妈将5只皮球分别抛入篓中，爸爸将5只乒乓球分别扔进篓中。投中次数多的一方获胜。

3. 孩子可以跑动接球，但不可过线。

注意事项：注意球不要砸伤孩子。

拓展游戏：

1. 准备一个布质的正方体玩具。
2. 孩子将玩具从高处扔下，目的是为了让他明白一切物体都是向下落的。

小语 ♡

随着年龄的增长，孩子要走出自己生活的小圈子进入社会。他们要了解各种物体的空间位置，确定运动方向，按照物体的形状大小来识别它们。我们经常发现，孩子看到一些事物时，对它们的位置关系毫不理会，这时就需要父母引导孩子建立空间概念。

小游戏让宝宝拥有观察能力

04 说出颜色的名称

游戏目标： 孩子一边进行绘画游戏，一边辨别颜色，并记住颜色的名称，培养孩子的观察能力。

适应年龄： 2~3岁

游戏时间： 10分钟

受益指数： ★★★☆

游戏用具： 图画纸、弹珠若干、彩色笔、颜色鲜艳的水果等

游戏方法：

1. 家长将准备好的水果、弹珠、彩色笔等日常生活中的物品摆放整齐。

第五章 斯波克的智商提高法

215

2. 拿出宝宝最感兴趣的东西，如果宝宝对苹果十分感兴趣，妈妈可以将苹果放在宝宝的面前，然后耐心询问宝宝苹果的颜色。

3. 如果宝宝答不上来，妈妈可以告诉宝宝正确答案，让宝宝反复记忆。

注意事项：注意不要让宝宝把弹珠吞掉。

拓展游戏：

在宝宝说出颜色的基础上，家长还可以这样做：

1. 家长可以将图画纸剪成圆形、三角形、四边形等各种图形。

2. 准备好各种颜色的彩色笔，告诉宝宝："在这个图形上，涂上与香蕉一样的黄色。"接下来，可以让他涂红色、蓝色、绿色等。

小语 ♡

一般宝宝从2岁开始对色彩斑斓的世界充满好奇，教孩子认颜色时一般最先教的是红色，然后是黄色、蓝色和绿色，还可以教白色、黑色。2岁是孩子对颜色极为敏感的年龄，家长应抓住这个有利时机，对孩子进行各种与颜色有关的感觉训练。

05 帮它们找出同类

游戏目标：让孩子说出日常生活用品的用途，培养思考能力，学习生活常识。

适应年龄：2~3岁

游戏时间：5分钟

受益指数：★★★★

游戏用具： 一切生活日用品，如泳衣、碗、铅笔、圆珠笔、面包、洋娃娃、水壶、锅、蔬菜、水果、脚踏车等

游戏方法：

家长可以问孩子以下问题：

1.这些东西当中，哪些是妈妈做饭用的？

2.哪些东西可以吃？

3.哪些是玩具？

4.我们可以带哪些东西去游泳？

注意事项：注意刀、剪子之类的锋利用品不要刺伤孩子。

拓展游戏：

家长也可以陪孩子玩找相同数的小游戏，例如：

1. 让宝宝随意扔骰子，哪一面朝上就数哪一面的点数。

2. 在桌子上放一些糖果玩具，让宝宝从中数出与骰子点数相对应的糖果玩具。

小语

家长有必要在孩子小的时候就告诉他们一些生活常识，这样就间接地培养了他们的独立性。另外，孩子对身边事物有强烈的好奇心，什么都想动一动，父母正好可以借此机会把生活中的每一样日用品向孩子做一次"隆重介绍"。

06 天生模仿王

游戏目标：让孩子模仿动物，从而培养孩子的模仿能力。

适应年龄：3～4岁

游戏时间：20分钟

受益指数：★★★★

游戏用具：积木、坐垫

游戏方法：

1. 妈妈先示范一遍，然后让孩子跟着学。可以模仿各种小动物，如螃蟹。
2. 四肢着地，慢慢走，有时候要快步爬行。
3. 四肢着地，横向走。
4. 仰面躺在地上，手脚朝上。
5. 妈妈用积木或坐垫做成洞穴。钻洞穴的速度必须很快，由洞穴出来时需要先看看周围有没有危险，缓慢移动身体。

注意事项：注意先将地板擦干净，让孩子在地上玩。

拓展游戏：

家长还可以模仿难度比较高的天鹅。

1. 双手举到两侧，单脚站立，另一脚抬高到膝盖的高度。

2. 单脚站立，另一只脚向后伸并弯曲，以单手握住这只脚，另一只手横向举平。

3. 孩子和妈妈比赛谁站得较久，也可以让孩子与其他小朋友一起玩。

小语♥

模仿是人类最基本的学习手段，也是人类创造发明的基础。教育孩子也应该从培养模仿能力开始，3岁左右是孩子模仿能力飞速发展的时期，父母要把握住这一关键时期并对孩子进行模仿能力的培养。

小游戏让宝宝拥有超强的记忆力

07 从哪儿开始

游戏目标：培养宝宝的记忆力。

适应年龄：1~2岁
游戏时间：10分钟
受益指数：★★★★
游戏用具：故事书

游戏方法：

1. 给宝宝讲他喜欢的故事，此时宝宝对于他喜欢的事物表现出极大的兴趣。

2. 每天让宝宝有意识地记住故事讲到了哪里，第二天开始讲的时候，先让宝宝回答问题："昨天讲到哪里了？""今天要从哪里开始呢？"以此来锻炼宝宝的记忆力。

注意事项：家长讲故事时要做好标记，以免自己忘记了之前讲过的地方，影响培养效果。

拓展游戏：

1. 给宝宝讲故事或是看动画片，要求他记住故事中的人物名字。
2. 第二天让宝宝回忆每个人的名字。

小语♡

> 记忆力是人类生存的基本技能，提高宝宝的记忆力可以帮助他更好地学习知识，更早地认识世界。宝宝在趣味中学习和成长是其接受教育的最佳方式，所以从宝宝都爱听的趣味故事开始培养宝宝的记忆力吧！

08 听故事答问题

游戏目标：训练宝宝的注意力和记忆力。

适应年龄：1~2岁
游戏时间：5分钟
受益指数：★★★☆
游戏用具：故事书

游戏方法：

1. 家长在讲故事前，可以先提一个与故事有关的问题，让宝宝带着问题去听故事。

2. 问题不能太多或太难，不然宝宝会记不住，这样一来，他会觉得很没有成就感。

3. 开始讲故事，讲完后先让宝宝回答问题。

4. 引导宝宝从故事中发掘答案。

注意事项：家长提的问题要能够引起宝宝的兴趣。

拓展游戏：

1. 家长和宝宝朝一个方向并排坐，妈妈做出打电话的手势和宝宝模仿打电话时的情景。

2. 妈妈可以问宝宝："你是谁？""你家住在哪里？""你爸爸叫什么名字？""他在哪里上班？"

3. 让宝宝同样以打电话的形式回答。

小语 ♡

让宝宝带着问题去听故事，不仅能增强宝宝的记忆能力，还能增强他的逻辑分析能力，这样宝宝也更有兴趣参与到父母的游戏中去。宝宝答出问题后会很有成就感，因此会越来越喜欢这种你问我答的游戏。

09 记忆文章内容

游戏目标： 家长就孩子阅读的文章提出问题，培养孩子的记忆力、集中力和注意力。

适应年龄： 5～6岁

游戏时间： 20分钟

受益指数： ★★★☆

游戏用具： 故事书

游戏方法：

1. 妈妈为孩子讲一个类似的故事："星期天，威廉和南希与妈妈一起到百货公司买东西。威廉买了篮球和球鞋，南希买了洋娃娃和故事书。然后，他们去快餐店喝果汁、吃东西，最后搭电车回家了。"

2. 妈妈说完这个故事，问以下问题，让孩子回答。

（1）他们去了哪里？

（2）都有谁去了？

（3）威廉买了什么东西？

（4）南希买了什么东西？

（5）他们在快餐店吃了什么？

（6）他们搭乘哪种交通工具回家？

注意事项：妈妈要注意讲故事的速度不能太快，确保孩子听清每一句话。

拓展游戏：

1. 家长找出15张有着不同内容的图片放在桌上，让孩子看一会儿，然后盖上。

2. 要求孩子把所看到的图片内容尽可能准确地叙述一遍。

小语♡

孩子一天中记忆力最好的时间是在睡觉前，这时给他讲故事或是讲一些生活常识，学习效果能达到最好。家长要注意选用形象生动、颜色鲜艳的东西作为记忆材料。利用这些孩子感兴趣的事物和形式，会让他在不知不觉中收获很多。

小游戏让宝宝拥有超凡的思考能力

10 巧妙找出图形排列的规律

第五章 斯波克的智商提高法

游戏目标： 家长按规律排列图形，让孩子找出其中的规律，培养他的思考能力。

适应年龄： 3～4岁
游戏时间： 20分钟
受益指数： ★★★☆
游戏用具： 彩色图画

游戏方法：

1. 家长将图画排列好，让它们之间有一定的顺序和规则。让孩子思考在最后一个位置应该填入哪幅图，然后画出来。

2. 数字、简单的汉字、英文字母等都能够被有规则地排列，家长可让孩子补充。

注意事项：注意图画间的规律性一定要强。

拓展游戏：

孩子掌握了一定的找规律技巧后，家长可与孩子玩用餐具搭高的游戏。

1. 准备若干盘子和碗让孩子练习搭高。
2. 先让孩子看大人操作，慢慢地再让孩子自己操作。
3. 逐渐变换排列的形式，如用两个盘子、两个碗。
4. 也可以在平面进行排列，让孩子发现排列规律。

小语 ♡

家长平时多与孩子玩找规律的游戏，可以让孩子养成爱动脑筋的好习惯，同时也有助于培养孩子的逻辑思维能力。家长要用多种形式陪孩子练习排序，为孩子将来学习数学打下良好基础。

11 我们一起玩迷宫游戏

游戏目标：通过迷宫游戏，培养孩子的判断能力。

适应年龄：5～6岁

游戏时间：20分钟

受益指数：★★★☆

游戏用具：卡片、图画纸、铅笔

游戏方法：

1. 家长先在图画纸上画好各种迷宫，让孩子用铅笔顺着起点往前走。

2. 家长要提醒孩子，不能碰到线或墙壁。

3. 即使是很小的孩子，也会很想尝试有趣的迷宫游戏。所以，家长要想办法让你的迷宫更有趣。

注意事项： 注意迷宫不要过于复杂。

拓展游戏：

1. 家长准备一些面粉让孩子触摸，并询问他触摸面粉时的感受。

2. 将盐放入面粉中，让孩子辨别面粉和盐的颜色差异。

3. 将面粉做成面团，让孩子揉捏成各种形状，也可以加入色素，相信孩子一定会为面粉改变颜色而兴奋不已。

小语 ♡

培养孩子的判断能力不仅能增加孩子的智慧，让宝宝变得更聪明，还能增强孩子的独立意识。孩子长大后，对任何事情都要有自己的判断，而不是凡事都听妈妈的，这种对事物的判断分析能力需要由家长从小培养。

12 想一想它们的对应关系

游戏目标：让孩子了解物品的用途、性质，提高孩子的思考力、辨别力。

适应年龄：3～4岁
游戏时间：20分钟
受益指数：★★★★
游戏用具：牙刷、铲子等生活日用品

游戏方法：

1. 家长将牙刷、铲子、书本、锤子等物品放在桌上，让孩子说明用品的名称，之后再让他说出使用方法。如果孩子回答不上来，家长便需耐心地引导。

2. 家长让孩子从这些物品中挑出能搭配使用的两种，如羽毛球球拍和羽毛球，让孩子了解互补的意思，并且明确两者的使用方法。

3. 家长也可以列出其他组合，让孩子进行愉快的游戏。

注意事项：注意锤子、钉子等物品不要伤到孩子。

拓展游戏：

1. 让孩子玩颜色分类的游戏，如把红色的珠子放到红色的碗里，把绿色的珠子放到绿色的碗里。

2. 让孩子把大熊放到大筐里，把小熊放到小筐里。

小语

> 日常生活中有许多机会可以锻炼孩子的辨别能力，家长要懂得把握机会。比如说，吃饭的时候，让孩子帮着给每个人发一个碗和一双筷子，或是给每个人发一个苹果等。

小游戏增强宝宝的推理能力

13 玩具汽车

游戏目标：通过游戏让孩子推理假设，培养孩子的逻辑推理能力。

适应年龄：2～3岁

游戏时间：10分钟

受益指数：★★★☆

游戏用具：各种各样的玩具汽车

游戏方法：

1. 家长与孩子一同玩玩具车，并和孩子一起探讨怎样可以推得更远。引导孩子提出假设，并说出相应的逻辑推理过程。如：要将车子推得更远，首先应该……再次应该……

2. 检验孩子的方法成果，最后和孩子讨论总结。

注意事项：注意孩子在玩的过程中不要磕到碰伤。

拓展游戏：

1. 为孩子准备一件神秘礼物作为要寻找的宝贝，一些空白卡片和一个装卡片的小包。

2. 制作卡片，可以图文搭配，再写上"写字台"及拼音，把卡片分别藏好。

3. 让孩子带上小卡包，给他第一张"写字台"的卡片，孩子就可以到写字台寻找另一张卡片了。

4. 依此类推直到孩子找到宝贝。

小语 ♡

孩子的逻辑思维能力，需要靠平时的积累来提高，家长可以从日常生活中的人、事、物中寻找灵感教导孩子，以玩游戏的方式带宝宝进入有趣的数学世界。家长在孩子很小的时候，就要开始对其进行逻辑思维的培养，让其拥有良好的逻辑推理能力。

14 谁是我的好朋友

游戏目标：让孩子理解相邻两数之间的数量关系，并学会举一反三。

适应年龄：3～4岁

游戏时间：15分钟

受益指数：★★★★

游戏用具：苹果、玩具

游戏方法：

1. 家长先拿3个苹果，对孩子说："你数一数一共有多少个苹果，如果再加一个，是几个？如果拿走一个，又是几个？"

2. 拿来或拿走一个苹果，可以让孩子较直观地看见数量的变化，让孩子回答上面的问题。

3. 然后再用苹果摆成的阶梯形，对孩子说："你看3上面是2，3下面是4。"用同样的方法让孩子知道其他数和相邻数之间的关系。

注意事项：注意数学问题要符合孩子的实际能力。

拓展游戏：

1. 家长与孩子玩数衣服件数的游戏，如夏天衣服少，只穿一件，秋天要穿内衣、毛衣和外套共三件。

2. 让孩子推出冬天要穿多少件衣服。

🧒 **小语** ♡

> 家长在培养孩子推理能力的同时，也要注意对举一反三能力的培养。家长要特别注意在孩子写作业或思考问题时，一定不能急于告诉孩子答案，这样就会剥夺孩子的学习自主性，剥夺了孩子表达自己意见和想法的权利，时间久了孩子就会在思想上对父母产生依赖感。

15 快乐找关系

游戏目标：培养孩子的推理能力。

适应年龄：1～2岁
游戏时间：15分钟
受益指数：★★★☆
游戏用具：一些生活用品的图像，或看图识字卡片

游戏方法：

1. 家长和孩子一起看卡片，让孩子一张一张认出图片上的事物。然后告诉孩子："这里的每张图片都跟另一张或几张有关系，比如羽毛球和羽毛球球拍有关系，因为我们打羽毛球时既需要拍又需要球。"

2. 家长把羽毛球和羽毛球球拍的图片放在一起，然后要求孩子自己找出第二组有关系的图片来。

3. 让孩子把所有的图片都配上对，并且说出它们的用途。

注意事项：注意图片不要被孩子撕毁。

拓展游戏：

1. 妈妈先在白纸上涂上红、蓝、黄、绿等几种颜色。

2. 接着拿出相同颜色的彩色笔。

3. 让孩子把彩色笔放在对应的颜色下面。

4. 如果孩子没有放对，可以让孩子用笔再画一次，观察颜色，之后进行配对。

小语 ♡

　　逻辑思维能力是孩子智力活动能力的核心，也是智力结构的核心，因此逻辑思维能力是孩子成才最重要的智力因素之一。逻辑思维能力在人一生的任何阶段都起着相当重要的作用，如果父母把握住孩子思维能力发展的重要时期并予以培养，将会对孩子今后的发展有很大的帮助。

小游戏提高宝宝的分析能力

16 看看交通工具

游戏目标：让孩子知道古今交通工具的差别，增加知识储备。

适应年龄：2~3岁

游戏时间：10分钟

受益指数：★★★★

游戏用具：彩色交通工具卡片

游戏方法：

1. 家长让孩子分别指出卡片上的每种交通工具并说明其用途。
2. 家长让孩子分辨古代和现代的交通工具。
3. 家长也可以将自己小时候坐过的交通工具讲给孩子听。
4. 家长和孩子可就古今不同的交通工具进行讨论。

第五章 斯波克的智商提高法

注意事项：注意不要让孩子将卡片撕毁。

拓展游戏：

1. 给孩子一张只有河没有船的图片。
2. 先让孩子观察轮船的模型，了解轮船的特征。
3. 让孩子发挥想象力在"河面"上画出一条船。

小语 ♡

　　交通工具随处可见，并与孩子的生活有着密切的联系。家长可以通过语言、美工、音乐和游戏等诸多方式让孩子进行探索，体会各种交通工具给人们带来的方便。

17 口袋里面有宝物

游戏目标：让孩子学会用触觉判断事物，培养他的分析能力。

适应年龄：2～3岁

游戏时间：10分钟

受益指数：★★★☆

游戏用具：不透明布袋一个、筛子一个、钥匙一把、小圆球一个

游戏方法：

1. 家长把筛子、钥匙、小圆球3种东西放入不透明布袋里。
2. 说出一种物品名称，让孩子拿出来，注意不能用眼睛看，要用手去触摸。
3. 检查孩子拿的对不对，如果不对要及时纠正。

注意事项：注意不要让孩子吞食小物件。

拓展游戏：

1. 让孩子用手指代替画笔，在桌面上、纸上、沙发上等处随意绘画。

2. 年龄小的孩子，也可以采用盖手印的方式，让孩子说出触碰不同材质时的感觉。

小语♡

针对孩子的手部触觉发展，家长可以让孩子多触摸一些不同质感的东西。孩子长大一点后，他的触觉经验就不仅仅局限于双手、双脚，而是发展到身体的各个部分，家长要尤为注意。

18 米缸里面淘宝

游戏目标：让孩子学会用手去感觉事物，并分析事物的区别。

适应年龄：2～3岁

游戏时间：10分钟

受益指数：★★★☆

游戏用具：米缸、各种小物品（如钥匙、小玩具车、汤匙等）

游戏方法：

1. 家长先教孩子认识各种小物品。
2. 把所有物品放进米缸中。
3. 让孩子用手去摸米缸中的物品，并说出物品的名称。
4. 当孩子的回答全部正确时，可以增加难度，要求孩子闭上眼睛再摸物品。

注意事项：
小物品中不要有剪刀这种会伤害到孩子的东西。

拓展游戏：

1. 准备各种柔软材质的东西，如丝巾、毛巾、天鹅绒料子等。
2. 让孩子在不同的材料上爬过，感受不同的感觉。

小语 ♡

孩子有敏感的触觉才能更深刻地感知世界，所以家长不要疏忽对孩子触觉方面的培养。当然，在游戏过程中要注意，当孩子在触摸感受各种材质时，应防止让过于粗糙的材质伤害到孩子细嫩的皮肤。

后记

接受你面前的孩子

很庆幸，世界上还有这样一本教子书。是的，这是一本能够点燃内心激情的书，是给万千父母带去希望的书。作为一个母亲，抚育孩子是上天赋予她的伟大使命，如何喂养孩子、教育孩子也成了每一位新妈妈的难题。

相信很多父母在孩子出生之前，就已经给他做了各种各样的假设，不管是长相还是性格，都希望孩子能够继承到最好的。可是，不管你预想得多么完美，孩子终归是孩子，他不可能按照你所预想的来发展，即便再聪明的父母也要承认这一点。是的，当你面对自己的孩子时，第一件要做的事情便是接受他。

斯波克先生认为，你对孩子的期待、希望、目标、梦想等都是和孩子的天性、性情相联系的，而这种联系就需要一个吻合度。如果吻合度太低会给家庭带来很大的问题。比如，你的孩子算术能力不强，作为父母，你对此很失望，便想尽一切办法来提高孩子的算术能力，甚至不惜动用逼迫的方式。这样下去，孩子肯定会出问题的。相反，如果你能够接受孩子原本的模样，接受孩子的天性，那么父母和孩子之间的相处会更加融洽。

不过，有些方面是能够在后天学习和教育下改变的，比如说孩子的智商。孩子的经历会影响孩子大脑的发育，所以聪明的父母要快点行动起来，帮助孩子挖掘他们身上的潜能，也让他们知道，每个人身上都有一个局限，而这个局限也同样令人尊重。

本书便是从很多方面帮助父母解决难题，依据年龄分段，分别教育，培养孩子各方面的能力，发展孩子的内心世界。虽说培养教育孩子是一件非常困难的事情，但是只要抓住了孩子的特点，遵循一定的规律，在不断的实践中，你也可以成为教子专家。